Tese e antítese

Antonio Candido

Tese e antítese

todavia

*A Rodrigo Melo Franco de Andrade
este livro é dedicado com reverência e afeto*

Prefácio 9
Da vingança 17
Entre campo e cidade 45
Catástrofe e sobrevivência 69
Os bichos do subterrâneo 105
O homem dos avessos 127

Extraprograma
Melodia impura 151

Registro das publicações originais 181

Prefácio

Os ensaios deste livro foram compostos independentemente, em várias épocas, mas têm certa afinidade entre si, pois abordam problemas de divisão ou alteração, seja na personalidade do escritor, seja no universo da sua obra.

O ensaio sobre *O conde de Monte Cristo* ("Da vingança") tenta mostrar a correlação que pode haver entre um certo momento da história e a formação de um tipo correspondente de herói literário. Um herói que sugere a transformação do ser sob a influência das circunstâncias, mostrando como um homem vê surgir em si mesmo outro homem, antes inexistente ou ignorado, que age em contradição com o primeiro, e no entanto compõe, ao mesmo título que ele, o mapa final da personalidade. Foi o Romantismo que vulgarizou e transformou em tema de primeira plana, na literatura, esse problema da complexidade contraditória de cada um. A princípio (é o caso de Monte Cristo) sob a forma ainda um pouco monumental da tradição clássica, fazendo o excepcional ocorrer apenas nos entes de exceção (embora esta já não requeresse mais necessariamente a eminência social). Depois, através dos anos e da maturação das tendências românticas, nesse longo Pós-Romantismo em que ainda vivemos, com o sentimento de que o fato é universal, e que os anjos e as bestas trafegam mais ou menos livremente em todos nós.

O ensaio sobre a obra de Eça de Queirós ("Entre campo e cidade") mostra o caso de um outro ângulo, embora ainda à luz da conjuntura social. Talvez esteja um pouco deslocado ao lado dos demais; de qualquer modo, é o estudo de uma obra novelística marcada pela repercussão, no escritor e nos seus personagens, de um dilaceramento na sociedade. Inserido numa estrutura social ambígua, evoluindo da burguesia liberal para as esferas da aristocracia, aderindo intelectualmente ao socialismo e ao progresso industrial, mas afetivamente preso às tradições do seu país, Eça manifesta uma consciência dividida, que a princípio obtém unidade pela firme atitude polêmica. Aos poucos, entretanto, a falta de bases no meio o leva a buscar outros alicerces, e ele os vai encontrando na tradição e na visão simpática, sem todavia alcançar a unidade espiritual dos primeiros anos de revoltoso. Fruto dessa dinâmica, a sua obra exprime um balanceio entre a vocação *moderna* e o senso da tradição, sendo que escreveu livros de qualidade em todas as fases da sua carreira. É significativo que a sua obra-prima, *Os Maias*, se situe ideológica e psicologicamente no ponto de equilíbrio entre aquelas tendências concorrentes; mas que apenas quando predominou a segunda foi capaz de criar um personagem realmente complexo: Gonçalo Ramires.

Os três escritos seguintes entram mais diretamente no problema, que é definido no ensaio sobre Joseph Conrad ("Catástrofe e sobrevivência"), o mais extenso e de certo modo o eixo do livro. Nele se estuda o estilhaçamento do ser, familiar à literatura posterior ao Romantismo. Tomando algumas obras do autor, sobretudo *Lord Jim* e "The Secret Sharer", procura--se mostrar até que ponto ficou normal a visão do homem dividido, e como ela pode dar lugar a técnicas especiais de narração e caracterização literária, de tal forma que o tema e o seu tratamento se condicionam reciprocamente numa unidade expressional indissolúvel. Passando à literatura brasileira, o problema é investigado no conjunto da obra de Graciliano Ramos, onde aparece sob aspecto muito mais agudo ("Os bichos do subterrâneo"). Com efeito, Conrad possui uma visão ética firme no seu universo literário, e para ele a divisão do ser, justamente porque é componente própria ao homem moderno, pode dar lugar a uma formulação da conduta que permite enfrentá-la e compensá-la. Em Graciliano reina antes um desolado niilismo, que domina a sua obra de ficção e será modificado apenas em parte na obra autobiográfica.

Vem depois um ensaio ("O homem dos avessos") sobre o primeiro grande romance metafísico da literatura brasileira. Nas camadas superficiais de *Grande sertão: veredas* surge uma representação da realidade local, com forte carga de pitoresco, ao sabor da nossa tradição novelística. Entretanto, tudo nele é também símbolo. Do mundo documentário ou semidocumentário se desprende em cada entrelinha um universo fabuloso, que enquadra o verdadeiro problema do livro. Problema que se reúne ao das outras obras aqui tratadas, mostrando o dilaceramento de um homem tomado entre o bem e o mal, debatendo sem repouso a validade da sua conduta. Homem que passa a vida espantado com o ente que surgiu de dentro dele a determinada altura, surpreendendo-o, levando-o a sentimentos e atos que não condiziam com a sua existência corriqueira. Coerente com a efabulação proposta, Guimarães Rosa entra resolutamente no plano mágico, sugerindo para os comportamentos decisivos um substrato simbólico, dissolvendo-os em comportamentos primordiais, até trazer à baila, como signo máximo que percorre o livro todo desde a epígrafe, o arquétipo de todas as divisões do ser: o demônio.

Portanto, os ensaios deste livro são como uma série de bonecos de mola, que saltam da caixa quando se ergue a tampa. Envergando uniforme adequado (pois é sempre uma espécie de casaca de ferro da literatura), o crítico se imagina um Asmodeu dialético e abre as caixas. De Edmundo Dantès surge um vingador satânico, o conde de Monte Cristo. De Eça de

Queirós socialista surge um tradicionalista contraditório, que interfere na economia profunda da sua obra. Em Conrad, o jovem comandante de "The Secret Sharer" vê surgir das águas o seu duplo, o criminoso Leggatt, enquanto o confiante Jim percebe apavorado que dele, na hora do perigo, sai um desertor. Na obra de Graciliano Ramos, um caeté pula do brando João Valério, uma alma frouxa salta do bicho que é Paulo Honório, um assassino elementar do esmagado Luís da Silva. Em Guimarães Rosa, culminando tudo, o que reponta é a velha Sombra, o lado negativo, a projeção suprema do Eu conturbado, que a criação ficcional suscita para encarnar "os crespos do homem, o homem dos avessos"avessos".

* * *

Terminando o livro, como uma espécie de apêndice, ou de extraprograma, vai um estudo que nada tem a ver com os anteriores e que não chega a ser um ensaio, sendo antes um fichário comentado sobre o gosto e as experiências musicais de Stendhal. Talvez se justifique a sua presença como contraveneno, pois trata da busca da felicidade, do desejo fundamental do homem, que é ser feliz, fugir ao sofrimento, encontrar a fórmula do júbilo e se possível da plenitude. Não se baseia no estudo duma obra de ficção, mas nos escritos pessoais, críticos e de viagem de Henri Beyle. Nos seus romances, ele procurou construir um universo de inteireza, de homens e mulheres capazes de se sobreporem à debilidade, à pressão do meio, ao respeito humano — a fim de extraírem de si a humanidade mais lídima. Todavia, sob a força de vontade e a firmeza de intuito, surdiam neles minas estranhas, que baralhavam tudo, desviavam a sua virtude da linha reta e o seu ser da inteireza.

Justamente porque sabia que a condição humana é assim, Stendhal não insistiu na felicidade em sua obra novelística.

Como herói de romance, quis inventá-la e procurá-la na própria vida, criando uma série de ilusões que lhe permitiriam agir e compensar um pesado quinhão de amargura. Aqui, é considerado como homem à busca de tais fantasmas, falando alto da sua alegria, da beleza do mundo, na esperança de que não apenas os outros acreditassem, mas que ele próprio acabasse por tomar a sério o jogo. E essa busca da unidade do ser, que são os estados de plenitude, parece adequada para fechar uma coleção de escritos em que se focaliza uma série de exemplos do contrário. Em todo caso, se o leitor quiser inteirar a volta por sua conta e englobar o próprio Stendhal no temário dos outros ensaios, basta esquecer esse estudo e pensar em Julien Sorel.

Antonio Candido de Mello e Souza
São Paulo, janeiro de 1963

*Que apelo me chega
desta voz que emerge
de tão fundas águas?
É alguém esquecido
no fundo dos tempos?
Meu anjo vencido?
Meu duplo secreto?
Que apelo indizível
me chama, me grita
que esqueça, que durma
ou me divida em tantos
que nenhum seja eu?
Nem eu, nem ninguém.*

Emílio Moura

Da vingança

When all is told
We cannot beg for pardon.

Louis MacNeice

I

O sol tinha chegado mais ou menos à terça parte do seu curso, e os raios de verão caíam quentes e vivificantes sobre os rochedos que pareciam, eles próprios, sensíveis ao seu calor; milhares de cigarras, invisíveis pelo matagal, faziam ouvir um murmúrio monótono e continuado; as folhas das murtas e das oliveiras se agitavam frementes, produzindo barulho quase metálico; a cada passo que dava no granito aquecido, Edmundo espantava lagartixas que pareciam esmeraldas; ao longe, viam-se pular as cabras selvagens, que por vezes atraem ali os caçadores; numa palavra, a ilha era habitada, viva, animada, e no entanto Edmundo sentia-se só, debaixo da mão de Deus [...]. Trazendo os olhos para as coisas que o rodeavam de mais perto, viu-se no ponto mais alto da ilha cônica — frágil estátua desse pedestal imenso; abaixo dele, nenhum homem; em torno dele, nenhuma barca: apenas o mar azulado, que vinha bater no pé da rocha, debruado de uma franja de prata pelo choque sempiterno.

Faz pouco este homem fugiu do calabouço, onde estivera catorze anos, dia por dia. Marinheiro hábil, empregado exemplar, tinha dezenove anos quando uma denúncia anônima o atirou preso incomunicável numa fortaleza, situada noutra ilha, sem que soubesse por quê. Esperou, desesperou, depois resolveu se matar pela fome. Mas então o acaso o pôs em contato com um vizinho de prisão, um padre ilustrado, que lhe abriu o mundo pelo espírito, analisou as causas da sua prisão, lhe ensinou a ciência e a sabedoria, lhe deu o roteiro de um tesouro incalculável, enterrado nesta ilha onde agora está. O padre morreu e ia ser sepultado; ele tomou o seu lugar e foi atirado ao mar do alto da fortaleza, com uma bala de canhão amarrada nos pés. Graças à sorte, à energia e a espertezas várias, conseguiu ser salvo, chegou até a ilha depois de algum tempo, e deu jeito de ficar nela só. Agora é o momento decisivo em que vai saber se o tesouro realmente existe.

Existe e está debaixo dos seus pés. Dali a pouco ele conseguirá achar a entrada oculta, a que nada falta para estar conforme aos melhores preceitos: pedra escondendo um argolão de ferro, uma laje que se alui, degraus, caverna, duas arcas enterradas. Simples, eterno e sempre igual. Ele tomará posse da riqueza que o espera há quase três séculos e meio, será onipotente, fará tudo o que desejar. Com a desgraça e o cárcere, surgiu aos poucos do ingênuo marinheiro um homem novo, a cuja mudança fomos assistindo. Mas a realização final, o homem realmente *outro*, só o veremos de chofre, dali a uns capítulos, misturado à folia do carnaval romano. Neste instante, em que está no alto da ilha, ainda se encontra a meio caminho, porque só dali a pouco entrará na posse dos recursos que permitirão o desdobramento final do seu ser.

Está a meio caminho do seu destino e entre dois polos da imaginação humana: a montanha, de onde se descortina o mundo e se tem a sensação de poder; a caverna, onde se ocultam os mistérios que dão o poder. O pináculo que amplia, o recesso que concentra. As vastidões por onde a imaginação corre, o ovo em que ela germina. Está a dois minutos da caverna, olhando o mundo do alto do morro; quando emergir da entranha do rochedo e o contemplar novamente, já estará de posse das riquezas ocultas e tudo parecerá diverso. Ansiará por sair e começar a carreira nova, dando curso a projetos que esboçou certo dia na prisão.

> Com efeito, agora não se tratava mais de passar o tempo olhando o ouro e os diamantes, e de ficar em Monte Cristo como um dragão velando tesouros inúteis. Agora, urgia voltar para a vida, para o meio dos homens, e assumir na sociedade a categoria, a influência e o poder conferido no mundo pela riqueza, a primeira e a maior das forças de que pode dispor a criatura humana.

Do alto da sua ilha, ele contempla o mundo, antes e depois. Proust tinha vontade de escrever um ensaio sobre o papel da altura nos romances de Stendhal. De fato, neles muitas coisas decisivas se passam em pontos elevados, embora a batalha de Waterloo decorra na planície: torre do padre Blanès, onde o pequeno Fabrício aprende e medita; torre Farnésia, onde sofre a prisão e ama Clélia Conti; morro dos Alpes Delfinenses, onde Julien vai se concentrar e tomar decisões com o bom Fouqué, ou torre da cadeia, onde oscila entre as suas duas mulheres e espera a guilhotina. Mas seria preciso ir além e avaliar o papel, nas decisões humanas, das alturas transformadas em imagem literária, em símbolo, em espaço ficcional inconscientemente escolhido. Quantos poemas se chamam "Na montanha", ou se passam no alto dos morros? "[...] viver num píncaro azulado"...

No Romantismo a conta é grande, e os poetas só deixam as culminâncias da terra para subir ainda mais. Se o Napoleão de Magalhães cruza os braços, de cima do seu rochedo, para contemplar em imaginação os reinos derrocados, o poeta libertador de Castro Alves toma as asas do albatroz e sobrevoa o navio negreiro. Torre, morro, pico de ilha, rochedo isolado, castelo elevado, o próprio espaço são lugares prediletos dos românticos, que neles situam os encontros do homem com o seu sonho de liberdade ou poder. Voltando do enterro do velho Goriot, Rastignac lança o famoso desafio a Paris, das alturas de Montmartre: "Agora é entre nós dois!". A cidade que se estende aos seus pés é o Mundo, são os Reinos da terra, e na sua pensão há um demônio que o instiga — Jacques Collin, ou Vautrin, ou o bandido Engana-a-Morte, o futuro padre Herrera. Esses heróis românticos não rejeitam o tentador, nem mesmo quando fortalecidos pelas privações do deserto dos homens, como Edmundo na prisão. Vão à frente. As alturas mostram o universo, como no devaneio de Fausto, que do alto da sua colina domingueira desejava ser um pássaro acompanhando o sol, num mundo sem crepúsculo.

Mas a força do Romantismo foi ter somado ao mundo visto de cima um mundo visto de baixo, associando Mefistófeles a Fausto, a cozinha da feiticeira à transformação ideal, a noite de Valpurgis ao amor de Margarida. De baixo veem-se as raízes, o húmus, o esterco das frondes. Victor Hugo mostra a vida do alto de Notre-Dame, o universo convulsivo de Cláudio Frollo, o seu sonho de poder e luxúria. Mas mostra o Pátio dos Milagres, uma espécie de vasto subterrâneo da sociedade, que lança os seus filamentos por toda a parte. Depois tudo se subverte, se mistura, e é o monstro, Quasímodo, que defende a pureza do alto daquelas torres. Noutro livro mostra os esgotos de Paris, por onde Jean Valjean caminha na sua obra de salvamento, como na vida se redimira e redimira os outros, a partir do subsolo moral da galé e da infâmia social.

Aí os planos começam a cruzar, os ares da altura se misturam a emanações do subsolo e nós vemos que a imaginação do alto se alimenta de forças ganhas embaixo; que a pujança descortinada na montanha se faz ato, graças a tentações escondidas na caverna; que o domínio luminoso e claro exercido dos pináculos tem um subsolo escuro. Isso ocorre exatamente nesse momento em que Edmundo olha o mundo, de pé numa altura que tem por baixo a gruta de onde sairão as condições da sua força. E ele bem sabe o que isso importa, a julgar pelo que dirá mais tarde numa conversa em que define o seu ser e o seu intuito:

> Também eu, como acontece a todo homem uma vez na vida, fui transportado por Satã à montanha mais alta da terra. Chegando lá, mostrou-me o mundo inteiro e, como dissera outrora a Cristo, disse-me a mim: "Então, filho dos homens, o que queres para me adorar?". Refleti muito tempo, porque de fato havia muito tempo uma ambição terrível me devorava o coração; e respondi: "Escuta, sempre ouvi falar da Providência, no entanto nunca a vi, nem qualquer coisa que se pareça com ela, o que me leva a crer que não exista. Quero ser a Providência, pois o que no mundo reputo mais belo, maior e mais sublime é recompensar e punir". Mas Satã abaixou a cabeça e suspirou. "Estás enganado", disse, "a Providência existe; só que não a podes ver, porque, filha de Deus, ela é invisível como seu pai. Nada viste que se pareça com ela, porque ela atua por meio de molas ocultas e caminha por vias obscuras; o que posso fazer é tornar-te um dos agentes dessa Providência." A transação foi feita, e talvez eu perca nela a minha alma; mas não importa, e se tivesse que recomeçar eu recomeçaria de novo.

Não se pode exprimir melhor, com fraseado tão romântico (e mesmo sub-romântico), mais esse avatar do velho tema. Romanticamente, o demônio confere ao iniciado um sucedâneo da divindade, e o iniciado terá em consequência uma natureza dupla, divina e infernal. Tudo isso formiga em Edmundo nesse instante em que o fixamos no ponto mais alto da sua ilha, da ilha pico e caverna, sol e treva, cujo nome vai tomar, fundindo-se nela, adotando os seus dois planos. Está só, como um herói romântico deve estar. As lagartixas rolam dos vãos das pedras ao modo de esmeraldas premonitórias. O sol, no alto, ressurgirá no metal escondido das arcas como no soneto de Cláudio Manuel,

Quanto em chamas fecunda brota em ouro.

Edmundo contempla o mar, que é o mundo. Para o mundo, ele próprio surgirá como um píncaro, quando estiver fundido na sua ilha. Mas, como nela, haverá no seu íntimo um outro mundo que se desdobrará, ganhará forma, comporá o risco final do seu ser ostensivo e oculto — posto no alto e nutrido de baixo. Vai começar a luta romântica contra a sociedade, a luta que principiou talvez com o Karl Moor, de Schiller, que se apurou nos personagens melodramáticos de Byron, e que seria a principal cristalização do mito da rebeldia, até que o decorrer dos acontecimentos permitisse outras formas de subverter os morros com força provinda de outras cavernas.

2

O conde de Monte Cristo foi escrito com a colaboração de Auguste Maquet e se ordena à volta de três fulcros principais, geograficamente distribuídos, que o próprio Dumas designava por Marselha, Roma, Paris.[1] Aceitando a divisão, digamos que a parte marselhesa é boa, a parte italiana (inteiramente devida a Dumas) excelente, a parte parisiense medíocre — o que compromete bastante o livro, de que ocupa cerca de dois terços.

A mediocridade não vem só do conteúdo e do tom folhetinesco, mas principalmente da prolixidade, das redundâncias, dos diálogos espichados sem a menor vergonha para fazer a matéria "render". Embora esses defeitos oprimam de preferência a parte parisiense, existem por toda a obra, sendo menores na seção romana, que tem uma leveza de mão e um encanto que lembram Stendhal. Os casos de bandidos, a

[1] Ver a nota no fim deste ensaio.

mistura de religião, amor e sangue, a moldura dos palácios e das ruínas têm algo duma *chronique italienne*, embora Dumas revele certo filistinismo francês ante os costumes, as instalações, a comida. Beyle refugaria tudo isso, mas haveria por certo de aprovar a aventura noturna de Albert de Morcerf, que dorme tranquilamente enquanto a sua vida está em jogo e o capitão de bandidos que o prendeu nas catacumbas lê com atenção os *Comentários* de César.

Noutras partes, sobretudo a terceira, Balzac nos vem ao espírito, na descrição um pouco ajanotada dos meios elegantes, na preocupação com as operações financeiras, os golpes políticos, a ascensão das classes médias. Lembramos dele, ainda, em certos vislumbres de prisão e de malfeitores. Mas sobretudo no caso de Mlle. Danglars e sua amiga Mlle. d'Armilly, que fogem juntas. Aquela, morena e forte, vestida de homem, embora os homens enquanto tais não a interessassem, e os olhares deles ricocheteassem nela como "sobre a couraça de Minerva, couraça que, segundo alguns filósofos, cobre às vezes o peito de Safo". Noutros momentos, pensamos nele pela afinidade de certas tolices que destoam no tecido firme da *Comédia humana*, mas que se encaixam no enchimento frouxo do bom Dumas, galvanizado a espaços pelo ímpeto da imaginação e a felicidade da frase. O trecho abaixo parece saído de um pastiche balzaquiano de Proust, que soube captar como ninguém os ridículos do grande romancista:

Mercedes lhe pediu seis meses, para aguardar e carpir Edmundo.
— De fato, disse o padre com um sorriso amargo; isso fazia ao todo dezoito meses. O que mais pode pretender o mais adorado dos amantes?
E murmurou as palavras do poeta inglês: *Frailty, thy name is woman!*

Mas se os nomes dos dois grandes escritores nos acodem quando lemos este contemporâneo menor, o autor que impregna o livro inteiro, talvez mais do que percebia o próprio Dumas, é Byron. O conde é um herói byroniano por excelência, na medida em que os heróis byronianos constituem a fórmula mais simples e mais difundida do herói romântico padrão — que viera se formando no romance de terror, no conto fantástico, no dramalhão sentimental e macabro, na poesia narrativa.

> Verdadeiro herói de Byron, Franz não o podia ver, ou sequer pensar nele, sem imaginar esse rosto sombrio sobre os ombros de um Manfredo, ou debaixo do gorro de um Lara.
> [...] eu veria nele um desses homens de Byron, que a desgraça marcou de um selo fatal; algum Manfredo, algum Lara, algum Werner.

Um dos personagens, a condessa G..., é a própria Teresa Guiccioli, a última das amantes do poeta inglês; ela se refere a ele e, aterrorizada com o aspecto exangue e soturno de Monte Cristo, aproxima-o do vampiro Lord Ruthwen, que afirma ter conhecido pessoalmente.[2]

Mas deixando de lado o byronismo já quase anônimo do tempo em que o romance foi escrito (o byronismo do herói

---

2 Em 1819 apareceu e teve grande êxito *The Vampire*, novela que trazia por engano o nome de Byron como autor, mas na verdade escrita pelo seu médico, Polidori, que desenvolveu uma narrativa inventada por ele em conversa. Esta obra apareceu no mesmo ano em tradução francesa, e nela inspirado Cyprien Bérard escreveu *Lord Ruthwen* ou *Les Vampires* (utilizando o mesmo nome do protagonista), que Charles Nodier fez publicar. Logo a seguir, Nodier extraiu da obra um melodrama em colaboração, *Les Vampires*. Ver Mario Praz, *La carne, la morte e il diavolo nella letteratura romantica*. 3. ed. Florença: Sansoni, 1949, pp. 81-83; e Pierre Georges Castex, *Le Conte fantastique en France de Nodier à Maupassant*. Paris: Corti, 1951, pp. 130 e 136.

fatal e sombrio, que era apenas uma das manifestações de um personagem idealmente fixado na consciência romântica), deixando de lado, pois, o que se havia tornado propriedade pública, há o orientalismo, que aparece aqui sob tonalidades e temas nitidamente byronianos. Monte Cristo possui serralhos no Egito, na Ásia e em Constantinopla, vive parte da vida no Oriente, trafega entre os príncipes muçulmanos, tem por escrava uma beldade que, exatamente como a heroína encantadora do *Don Juan*, é grega, se chama Haydée e é filha de um velho. Um dos momentos capitais do enredo é a denúncia que ela faz e que desmoraliza, levando afinal à morte, o conde de Morcerf, o antigo pescador que traíra Edmundo e lhe tomara a noiva. A denúncia consiste em revelar que ele entregara ao Sultão o Pachá de Janina, seu protetor e benfeitor. Para a Europa, Ali Pachá se ligava à luta dos gregos contra o Império Turco, e Morcerf possui a Ordem do Salvador, que mostrava ter ele feito a guerra de independência da Grécia, pela qual morreu Byron. Este, por ocasião da sua primeira viagem ao Oriente, esteve aliás em Janina e foi muito bem recebido por Ali Pachá, que celebrou no "Canto II" e notas respectivas do *Childe Harold*:

> *Ali reclined, a man of war and woes:*
> *Yet in his lineaments ye cannot trace,*
> *While gentleness her milder radiance throws*
> *Along that aged venerable face,*
> *The deeds that lurk beneath, and stain him with disgrace.*

Finalmente, notemos um último traço byroniano: o incesto simbólico, no amor tardio do conde justamente pela filha de Ali Pachá, a Haydée acima referida, que ele comprou aos oito anos de um mercador turco para usar como instrumento de vingança, e criou amorosamente como filha.

Assim, é clara a ligação com o universo, os temas, as experiências e a lenda de Byron; e ao lado das analogias anteriormente referidas com Stendhal e Balzac, elas mostram como *O conde de Monte Cristo* se vincula a certo tipo de ficção e de ideal psicológico do seu tempo, sem contar o parentesco que o prende a irmãos ainda mais modestos do que ele — os de Frédéric Soulié, os de Eugène Sue.

Para o leitor adulto de hoje, o defeito central do livro é a referida prolixidade — porque os outros se tornam méritos, quando aceitamos a convenção folhetinesca e nos munimos de senso de humor... À medida que o livro corre, a leitura se faz mais difícil, apesar da invenção inesgotável de peripécias. É como se a originalidade do tom fosse murchando rapidamente, o estilo fosse perdendo o seu mordente e a psicologia a sua verossimilhança; o autor roda em falso nos diálogos intermináveis, nas descrições e considerações demasiadas, na acentuação aborrecida dos traços morais — num frouxo derrame de inutilidades. Mas mesmo aí há trechos nervosos e palpitantes, bons traços de expressão, que sustentam a gordura do recheio.

Continuam, porém, a interessar os temas ordenados à volta do conde e do seu destino singular. Visto assim, esse livro dispersivo tem coerência e organização, se as tomarmos nos princípios, não no desenvolvimento. E em lugar de nos perdermos apenas nas peripécias (como fazíamos na infância), vamos nos interessando por esse exemplar perfeito de um certo temário romântico — do egotismo, do satanismo, da vontade de poder, da solidão, cosidos em torno da dialética do bem e do mal, coroados pela síntese da Providência manipulada de modo algo desenvolto, e que se encarna palpavelmente para circular entre os homens, como no romance do mesmo nome do nosso pobre Teixeira e Sousa.

De fato, a grande ideia do conde, que o justifica e anima, é, como vimos no início, a de que ele constitui um instrumento consciente da Providência. Isso estabelece uma primeira contradição nele e no livro, ao se chocar com o orientalismo que ele professa e que pressupõe o jogo cego da fatalidade. Num momento crucial, quando Mercedes lhe pede que não mate o filho em duelo, e ele, para atendê-la, aceita o sacrifício da própria vida, parece-lhe interromper-se o curso voluntário da ação vingativa, a que chama Providência, e exclama consigo:

> Este fardo que ergui, quase tão pesado quanto um mundo, e que julguei poder levar até o fim, era feito segundo o meu desejo, não a minha força; segundo a minha vontade, não segundo o meu poder; e será preciso arriá-lo no meio do caminho. Deverei então voltar a ser fatalista, eu que me tornara providencial [sic] por catorze anos de desespero e dez de esperança?

Vemos que a ideia de Providência entra sutilmente na sua personalidade como racionalização, que lhe permite desenvolver com método os planos do seu arbítrio, atribuindo-os ao cumprimento da vontade divina, para a qual transfere assim a responsabilidade. Mas é claro, por todo o livro, que a Deus o conde tributa o que os ingleses chamam de *lip service*. Para ele, como para a maioria dos românticos, a divindade é um recurso de explicação e um sentimento vago, que podem ser mera projeção de problemas individuais e álibi conveniente.

O conde precisa dele, porque todo o seu byronismo, o seu "lionismo", o seu uso do haxixe, a sua fama de vampiro, o seu ar de ressuscitado, a sua infalibilidade de iniciado, o seu domínio dos altos e baixos da sociedade, tudo isso converge para um sentimento e um comportamento dominante a que deseja atribuir o caráter providencial: a vingança.

Assim como a vingança grupal dissolve o vingador nas malhas do interesse coletivo (seja ele a honra dos reis gregos, na *Ilíada*, ou a tranquilidade dos proprietários lusitanos, no falso

Juramento do árabe, de Gonçalves Crespo), a vingança pessoal destaca-o, marca o seu relevo próprio e o sobressai aos demais. O homem que vinga a si mesmo abertamente acredita poderosamente em si mesmo, e considera as violações de outrem à sua própria integridade como outros tantos atentados ao equilíbrio do universo. Uma autovisão parecida com a do grande industrial, que justifica o desencadear de uma guerra se for útil ao movimento dos seus negócios.

Por isso, ao invés de dar aos filhos coisas como as narrativas de *O coração*, de Edmondo De Amicis — para mostrar-lhes, enrolada em açúcar, a tenacidade que nos devem incutir os grandes sentimentos —, a burguesia deveria tê-los nutrido com doses maciças d'*O conde de Monte Cristo*. Não leituras furtivas ou marginais, logo transformadas em pretexto para brinquedo; mas também, e sobretudo, leituras dirigidas, comentadas pelo professor, como parte importante do programa das escolas, a fim de se transfundirem em pensamento e ação de toda hora... Sem pilhéria, é claro, pois *O conde de Monte Cristo* é um retrato completo da vingança pessoal; a vingança pessoal é a quinta-essência do individualismo; o individualismo foi, e de certo modo continua querendo ser, o eixo da conduta burguesa.

Tomado como compêndio de moral, ele teria ensinado aos rapazes e meninos, que o leram por desfastio, a levar às últimas consequências os princípios de competição e a apoteose do êxito individual, novas formas do direito do mais forte e fundamentos éticos da era capitalista. Edmundo Dantès (arrivista como Rastignac e bonapartista como Julien Sorel) é um dos muitos jovens que a literatura romântica tomou, no século XIX, para ilustrar a nova fase de conquista da posição social pela seleção do talento e da habilidade. No fundo, a mesma glorificação da iniciativa e do pulso firme, que vemos em Stendhal e Balzac.

3

Aceitando *O conde de Monte Cristo* como um Tratado da Vingança, poderíamos desenvolver o que foi sugerido mais alto e dizer que, nessa qualidade, é dos romances românticos por excelência. Ou melhor, um dos que melhor exprimem certas características fundamentais do Romantismo.

No estudo de Tristão de Ataíde (Alceu Amoroso Lima) sobre Afonso Arinos, há uma citação de Saintsbury, a propósito dos escritores menores, "que nos dão, com muito mais segurança do que os grandes, a chave de uma literatura". Não é o caso dos menores em geral, mas talvez seja o de Alexandre Dumas em particular, no que se refere aos aspectos tumultuosos da alma romântica.

Dentre as obras clássicas, apenas as realmente grandes encerram as características que uma tendência literária se propôs como padrão. No Classicismo, com efeito, os padrões ideais que norteiam o ato criador implicam quase sempre vitória da ordem e da medida sobre o demasiado e o aberrante. Ora, ordem e medida, de certo nível para cima, quase só se encontram nos autores de primeira água. Nas mãos vacilantes dos menores, a beleza clássica tende para a secura e a frieza.

No Romantismo, porém, o elemento característico se confunde não raro com o desequilíbrio correspondente, graças a uma estética baseada no movimento, no deslocar incessante dos planos. Por isso o desequilíbrio representa autenticamente o ideal romântico, que não teme a desmedida e se inclina, no limite, para a subversão do discurso. Daí a pertinência com que escritores de segunda ordem, como Alexandre Dumas, representam e encarnam aspectos essenciais da escola. De tais aspectos (e aqui voltamos ao fio da meada) a vingança é importantíssima.

Os movimentos literários escolhem no mundo natural e social os temas mais condizentes com a sua necessidade de expressão. Uns, por tal forma enraizados na experiência humana, que todas as escolas neles se detêm, procurando recriá-los a seu modo. É o caso da vingança que, embora tão velha na literatura quanto a própria literatura, recebeu do Romantismo alguns toques especiais. Não será excessivo lembrar que ela se tornou então um recurso de composição literária, de investigação psicológica, de análise sociológica e de visão do mundo.

Note-se, para começar, que a conjunção perfeita da vingança com o Romantismo pôde se dar graças à forma literária do romance, onde ela é muito mais fecunda e completa do que no drama, por exemplo, que é uma espécie de tragédia romanceada. A perfeita visão da vindita não se realiza num só momento; requer o encadear sucessivo de acontecimentos que levam do motivo inicial à desforra final. Requer duração, a fim de não se restringir à parábola e parecer, como na verdade é, um modo complexo de atividade humana, inserida fundamente no tempo. O romance, do seu lado, precisava no Romantismo de movimento e peripécia para satisfazer à voracidade parcelada do folhetim de revista e jornal. Enquanto a vingança, como tema, permite e mesmo pressupõe um amplo sistema de incidentes, a ficção seriada, como gênero, exige a multiplicação de incidentes. Daí a frutuosa aliança referida, que atendia às necessidades de composição criadas pelas expectativas do autor, do editor e do leitor, todos os três interessados diretamente em que a história fosse o mais longa possível: o primeiro, pela remuneração; o segundo, pela venda; o terceiro, pelo prolongamento da emoção. As tendências estéticas do Romantismo, sequioso de movimento, convergiam no caso com as condições econômicas da profissão literária e as necessidades psicológicas do novo público, interessado no sensacionalismo propiciador de emoções fortes.

Mas embora corresponda ao movimento próprio da estética romântica, é sobretudo às concepções românticas de homem e de sociedade que a vingança se presta como tema. O personagem romântico — dramático, desmedido, sangrento — encontrava nela a atmosfera da contradição e da surpresa, em que banha a sua psicologia. Ela serve não raro de amplificador: o gesto se torna imenso e as energias, titânicas. Serve também de precipitante: o vingador nasce do brando de espírito, o assassino salva a criança frágil com risco da própria vida. Numa palavra, a antítese nasce das condições por ela criadas.

Com referência à sociedade convém observar que uma das maiores contribuições do Romantismo foi o que se poderia chamar *senso de capilaridade*: a noção de que, assim como as camadas do espírito se comunicam misteriosamente, interpenetrando-se as superiores com as inferiores até obliterar a distinção entre o bem e o mal, nas camadas da sociedade acontece o mesmo.

A sociedade dos romances românticos (prolongando e trazendo a termo a que se esboçara nos romances do século XVIII) é diversificada ao extremo, estratificando-se com minúcia e comunicando de segmento a segmento. Ora, uma vingança em grande estilo parece uma caçada a cavalo, isto é, uma peregrinação variada passando por muitos lugares, revistando muitas pessoas. Compreende-se deste modo uma das razões pelas quais a vingança pôde, no Romantismo, desempenhar função mais ou menos análoga à das viagens no romance picaresco ou de tradição picaresca: a viagem era a possibilidade de constatar a unidade do homem na diversidade dos lugares; a vingança foi uma das possibilidades de verificar a complexidade do homem e da sociedade, permitindo circular de alto a baixo na escala social. Vingança estreitamente ligada à perseguição e ao mistério — que podem aliás, por si, desempenhar a mesma função investigadora. Lembremos a longa perseguição que é a vida de Jean Valjean, ou o mistério que cerca a personalidade de Vautrin — ocasiões de análise da sociedade e do homem. Em Victor Hugo, em Balzac, em Eugène Sue, em Dumas, a vingança é passaporte com que o romancista circula livremente pela sociedade, ligando as camadas e desvendando conexões obscuras.

O vingador necessita geralmente de parceiros, informantes, executores. A duquesa se aproxima da mendiga e o celerado pode entrar para a órbita de um cidadão respeitável. Ao lado do "coração desnudado" (Baudelaire), que constitui aspecto fundamental do Romantismo, há também um desnudamento da sociedade, mostrando como o filho ilegítimo do procurador da Coroa (que este enterrou vivo, mas que milagrosamente sobreviveu) se torna o bandido que pode desmoronar a situação do pai (*O conde de Monte Cristo*); ou como o impecável leão da moda vive das extorsões rufianescas de um antigo galé (*Esplendor e miséria das cortesãs*, de Balzac); ou, ainda, como os homens dominantes de um momento podem fundar o seu prestígio no fato de serem, ao mesmo tempo, membros de uma camorra poderosa, lado a lado com criminosos (*História dos treze*, de Balzac). Este problema dos fundamentos reais de uma situação social preocupa de tal forma o século, que no próprio romance inglês, muito menos ousado que o francês sob este ponto de vista, vemos a nítida interpenetração dos planos em *Grandes esperanças*, não obstante as atenuações com que Dickens amacia o problema.

A partir daí pode-se aquilatar a importância dos romances sociais e folhetinescos, em que o ombro a ombro motivado pela vingança nivela a alta sociedade ao bas-fond, revolvendo na sua marcha, como um arado espectral, as consciências e os níveis sociais.

4

N'*O conde de Monte Cristo*, ela é afinal de contas o grande personagem. Como vimos, o ponto de partida é um rapaz honesto, bom profissional, bom empregado, bom filho, bom noivo, bom amigo. Situação de equilíbrio que repugna à arte romântica de tal forma, que o escritor se apressa em providenciar a tríplice felonia que vai rompê-la e abrir perspectivas à agitação incessante da peripécia. Seguem-se os anos de calabouço, o encontro com o padre sábio, o esclarecimento da sua prisão, a aquisição da ciência. Depois, a liberdade, a riqueza, o desempenho do mando e a mais larga experiência de vida. Alguns anos de mistério são necessários para o conde emergir do marinheiro, e do conde a vingança. Em seguida, o exercício desta, com método e proficiência, pelo livro afora. No fim o remorso, chave de ouro romântica entre todas.

No Romantismo há vários poemas da vingança; mas *O conde de Monte Cristo* é o seu *Tratado* por excelência. Pela primeira vez na literatura, a longa preparação intelectual, moral e técnica entronizada pela vitória da burguesia como ideal da conduta moderna aparece referida ao ato primitivo e simples de vingar. Construindo o personagem à medida da sociedade em que vai agir, Dumas submete-o a um preparo delicado e exaustivo. O Castelo d'If simboliza a fase de recolhimento pressuposta no adolescente pela educação burguesa; drástico recolhimento em que se forjam e apuram as armas do espírito, antes de terçá-las no mundo. Lá, o velho padre Faria não apenas lhe dá o roteiro do tesouro do cardeal Spada, mas sugere a máxima fundamental que lhe esclarece o passado e lhe norteará o futuro: tudo o que somos ou temos priva de certo modo a outrem de alguma coisa que quer ser ou possuir. Sobretudo, porém, inicia-o no saber, que será a arma básica da sua vingança, saber condensado, reduzido aos princípios, pronto para a aplicação, que pode ser ampliado indefinidamente, com base na pedagogia do padre:

— Infelizmente, meu filho, disse ele, a ciência humana é bastante limitada, e quando eu te houver ensinado as matemáticas, a física, a história e as três ou quatro línguas vivas que falo, saberás o que eu sei; ora, bastarão dois anos para passar esta ciência do meu para o teu espírito.

— Dois anos! disse Dantès; acha que eu poderia aprender tudo isso em dois anos?

— Não na aplicação, mas sim nos princípios. Estar informado não é saber; há os conhecedores e os sábios: aqueles se fazem pela memória, estes pela filosofia.

N'*A moça dos olhos de ouro*, de Balzac, Henri de Marsay é preparado para o mundo, quando menino e adolescente, por um padre cínico e carinhoso que, ao contrário de Faria em relação a Dantès, o inicia nas manobras da corrupção, fazendo dele um malandro adaptado à sociedade, para triunfar com os métodos comuns. A posição de Dantès é muito mais "romântica", no sentido convencional, assim como Dumas é muito mais "romântico" do que Balzac. Ela se pauta pela distinção nítida entre virtude e vício, e pressupõe no Eu a capacidade de enfrentar e vencer o mundo.

Morto o velho padre, Dantès foge e se encontra efetivamente aparelhado de conhecimentos, uma ética e uma desmedida potência material. Como o capitão de indústria no início de uma grande empresa, pode cobrar da sociedade o que a sua vontade de poderio lhe julga devido. Note-se que daí em diante o fortuito quase não vai interferir na sua vida, até o momento em que esta começa a vacilar. Ela se desenrola como produto da vontade, como desenvolvimento de um plano traçado a partir das premissas iniciais, dos três dados que lhe equacionam implicitamente a ação: saber, querer, poder. O seu poder, movido pelo seu querer inflexível, se nutre do seu saber, que é também uma espécie de ciência do bem e do mal, adquirida no purgatório do Castelo d'If e significando a perda da inocência, do seu paraíso juvenil e honrado.

Ele se transforma então no vingador científico, obtém meios de criar fidelidades definitivas, de ligar-se às forças que lhe podem ser úteis, de enriquecer a própria experiência com variedades infinitas. Quando aparece aos demais personagens, é o paradigma do homem que domina todos os recursos do seu tempo; a nós, semelha um dos tipos mais característicos do grande herói romântico. Tendo sido marinheiro, prisioneiro, contrabandista, é sábio, milionário e aristocrático. Possui o senso da missão a realizar, e põe na sua realização o fervor de quem encarna uma rebeldia. Contra a sociedade, que o condenou injustamente, desenvolve aquela capacidade de negar que é a própria essência do satanismo romântico. Mas pratica atos estranhos, vive em meio a coisas estranhas, com a correção impecável de um Alfred de Vigny às voltas com os seus malogros, ou de um Baudelaire em suas excentricidades agressivas. É belo e elegantíssimo; é ágil e hercúleo; é excêntrico e misterioso; é melancólico e sonhador, mas ao mesmo tempo exato e infalível. Capaz de tornar-se irreconhecível por múltiplos disfarces, manifesta-se sob a forma de três ou quatro personalidades; desencadeia à hora certa um acontecimento lentamente preparado; recebe o preito de salteadores e contrabandistas; faz jus à gratidão do papa e dos soberanos; chega de Cádiz para um almoço marcado em Paris exatamente ao bater do relógio. Com tudo isso, é soberanamente infeliz, e à medida que desenvolve a ação vingadora vai se substituindo cada vez mais a Deus na obra de manipular o destino. Nessa identificação tão romântica revive, como ele próprio reconhece afinal, o mito do primeiro romântico, que foi Lúcifer.

Sobre Lúcifer, possui a superioridade moderna do planejamento, da ação metodizada e submetida a um traçado. Ao contrário do vingador corriqueiro, cuja principal característica é a cegueira da paixão (como Vasco, n'*O monge de Cister*, de Alexandre Herculano), põe em primeira linha a coerência do plano e a precisão dos instrumentos. Quando as circunstâncias o levam pela primeira vez a hesitar no prosseguimento do seu intuito, o principal sentimento que manifesta é o de interromper um projeto bem-feito: "[...] o que lamento é a ruína dos meus projetos elaborados tão lentamente, construídos com tanto trabalho". Por isso utiliza as novas possibilidades de ampliar satanicamente a influência do Eu sobre (e principalmente contra) o Mundo, lançando mão do telégrafo semafórico para dar um golpe financeiro em Danglars, mobilizando, para destruir a família Villefort através da mulher deste, um profundo conhecimento de química e medicina. Segundo o seu heterônimo Lord Wilmore, "é hábil químico e físico não menos competente", tendo inventado um novo tipo de telegrafia.

Contemporânea constrangida ou cordata do crédito moderno e da industrialização, a vingança, o velho arranco ancestral, aparece aqui integrada numa visão nova da existência. Graças a ela, Monte Cristo põe em jogo a capacidade humana (multiplicada recentemente no seu tempo) de agir mais livre e poderosamente sobre a natureza e o semelhante, libertando-se da coerção de uma, aproveitando ao máximo o rendimento de outro. A sua vida de vingador científico realiza um sonho moderno: advento de um novo ritmo de vida, mediante o qual o espaço fosse encurtado e o tempo ampliado, pela mobilidade mecanizada de um lado, pela economia do gesto, de outro. Dono de consciências, conhecedor de segredos, calculador infalível dos sentimentos e dos atos, pode estar em toda a parte graças aos seus agentes automatizados como máquinas, às suas velozes embarcações a vela e a vapor, às mudas de cavalos que semeia pelos caminhos.

No entanto, a alma romântica (em consonância com o momento transitório que a condiciona) vive de contradições e não raro delas se orgulha ("Cuidado, leitor, ao voltar esta página" — dirá Álvares de Azevedo). A mentalidade do conde não constitui exceção, e ao mesmo tempo que desse arrojo moderno se nutre dos conceitos mais antiquados. Assim, as relações humanas lhe parecem desviadas de velhos padrões que as deveriam continuar norteando, por serem portadores da verdade moral e social. Fiel ao orientalismo dos heróis de Byron, para ele os homens do Levante "são os únicos que sabem viver". As mulheres devem ser escravas, e os homens devem poder ser escravizados. No tocante à vida econômica, a sua condição de nababo refestelado em tesouros leva-o a uma concepção retrógrada, que horripilaria qualquer personagem avançado de Balzac — como é o caso da classificação das fortunas que expõe a Danglars, em que menospreza a iniciativa econômica e valoriza as rendas seguras e os bens imobilizados.

Este modo de ver é coerente com a presença contraditória do tesouro dos Spada. Arrancado às entranhas da terra, como nas lendas, ele traz ao livro a presença do mito e do arquétipo, correspondendo, na imaginação, à riqueza adquirida mágica ou fortuitamente. No plano da verossimilhança literária, foi a maneira por que o romancista enriqueceu o seu herói, sem necessidade da lenta aquisição. Simbolicamente, porém, Dantès cumpriu uma longa ascese de catorze anos no calabouço, que foi a provação quase iniciatória, mediante a qual se tornou digno de obtê-la. De qualquer modo, o tesouro contrasta com o movimento normal das outras fortunas, sobretudo a especulação, que tem no livro um relevo balzaquiano; e é curioso ver como serve a desígnios que são ao mesmo tempo retrógrados — e portanto compatíveis com ele (o mecanismo oriental do luxo, a compra das consciências) — e avançados, portanto incompatíveis com ele (a intervenção na vida econômica, a aquisição de engenhos que correspondem à mentalidade moderna).

Assim, coexistem no conde um levantino empedernido e um adepto dos novos tipos de ação racional. Esta contradição marca não apenas um jogo romântico do passado e do presente, da lenda e da realidade, mas também uma contradição de arrivista, de homem que subiu pela capacidade de se adequar ao mundo novo, mas que conserva todo o atraso da sua origem.

Arrivista o conde é em toda a extensão boa e má da palavra. Apesar, por exemplo, da elegância impecável de maneiras que lhe atribui o romancista, ele se exibe e se gaba com espantosa indiscrição. Faz a apologia dos seus charutos; focaliza a conversa, num banquete que oferece, na raridade e portanto no preço das iguarias; gaba a imensidade da sua fortuna; alega a extensão do seu saber, tudo com uma falta de tato e de finura, que é outra contradição do livro e da sua personalidade.

Mas isso faz parte da paranoia de herói romântico, graças à qual se situa quase candidamente acima dos outros homens. E ele encarna a sua super-humanidade de paradigma com tanta precisão, que Albert de Morcerf observa aos amigos: "Quando vejo a vós outros, parisienses elegantes [...] e me lembro desse homem, parece-me que não somos da mesma espécie". E Villefort, depois de uma visita em que o conde, exibindo sapiência e maltratando o visitante, faz a teoria da vida e afirma o seu caráter de missionário da Providência: "[...] não sabia que estava em casa de um homem cujos conhecimentos e cuja inteligência ultrapassam de tal modo os conhecimentos normais e a inteligência habitual dos homens".[3]

---

[3] Referindo-se exatamente aos dois capítulos de que são extraídos estes trechos, diz Gramsci que eles contêm uma teoria do super-homem, o que conflui com a argumentação desenvolvida aqui. Para o pensador marxista, é provável que a literatura folhetinesca francesa do Romantismo tenha contribuído para fixar as ideias do próprio Nietzsche a respeito; e numa alusão clara a Mussolini: "De qualquer modo parece poder se afirmar que muito da alegada *super-humanidade* nietzschiana tem como única origem e modelo doutrinário não Zaratustra, mas *O conde de Monte Cristo* de A. Dumas". Antonio Gramsci, *Letteratura e vita nazionale*. Turim: Einaudi, 1950, 3ª Parte: "Letteratura popolare", pp. 122 e 123. É muito sugestiva toda esta parte, em que é estudada a função do romance folhetinesco, com frequente referência ao livro de Dumas.

Para se elevar a altura semelhante, da qual é possível manobrar livremente os sentimentos e os destinos, Monte Cristo parte de uma simplificação psicológica e de uma verificação sociológica. Psicologicamente, a sua força vem da circunstância de dividir os homens, secamente, em bons e maus, sem apelo, tendo como ponto de referência o papel dos que motivaram a sua desgraça em moço: Danglars, Morcerf e Villefort. Sociologicamente, do conhecimento de que a sociedade do seu tempo, em plena recomposição de estrutura, era composta em boa parte de aventureiros e arrivistas que haviam subido, como ele próprio; e que portanto os ligamentos das altas esferas com a borra da miséria ou do crime eram ainda frescos, palpáveis e manipuláveis.

A marcha da vingança vai permitir-lhe enriquecer a visão psicológica, superando o esquema inicial. Quando começam a acumular-se as desgraças que preparou cientificamente, surge o problema dos inocentes ligados aos culpados, e o da própria culpa, terminando o conde por poupar a vida ao principal fautor da sua prisão, Danglars, depois, é certo, de o haver lançado na vergonha e na pobreza. É que, chegado ao máximo da vingança, duvida de si mesmo, e ao fazê-lo, perde a caudalosa energia que lhe torna possível agir sem remorso. O individualismo extremo, depois de se desenvolver largamente, desvenda a sua vacuidade e atira o indivíduo, de volta, à necessidade de amparo e comunhão. Monte Cristo desaparece no futuro após haver providenciado para a felicidade dos que reputou justos, deixando uma declaração de humildade e relativismo. Pede que rezem "por um homem que, como Satã, julgou-se por um instante igual a Deus. [...] Essas preces suavizarão talvez o remorso que leva no fundo do coração. [...] Não há felicidade nem infelicidade no mundo, há apenas comparação de um estado com outro".

5

E assim temos o nosso conde, chegado ao cabo da sua missão, verificando a ilusão de tudo. Com efeito, o desenvolvimento ilimitado da vontade de poderio tende a isolar o seu agente, uma vez que o sobrepõe com demasiada altura aos outros homens. O tributo do chefe é esse afastamento implícito em toda elevação. O grande capitalista (que abria largamente as asas no tempo do conde) paga, em isolamento e desumanização, tudo o que tira à humanidade dos outros pela exploração do trabalho alienado. A profunda melancolia que assalta o Cidadão Kane, no píncaro da vitória, se aparenta, por aí, com a do gênio romanticamente concebido, e expresso melhor do que em qualquer outro símbolo pelo Moisés, de Alfred de Vigny:

Hélas! je suis, Seigneur, puissant et solitaire,
Laissez-moi m'endormir du sommeil de la terre!

Este é em parte o drama do conde de Monte Cristo, filho do século, patriarca dos self-made men, que ignora a solidariedade e a igualdade, conhecendo apenas a subordinação e a dependência, requeridas também pelo seu espantoso sadismo. Herói romântico pela aparência fria e misteriosa, cobrindo paixões indomáveis; pela infinitude dos desejos, a excentricidade, o amor aos "paraísos artificiais", o orientalismo — ele o é ainda pelo gosto do sangue e do macabro, o senso requintado da tortura moral, que fazem da sua vingança uma obra de arte, além de uma obra científica. A sua palidez, as suas mãos frias dão a alguns a ideia de quem saiu do túmulo, de um vampiro que se repasta no sangue alheio. Esse vampirismo, ao menos simbólico, está sem dúvida presente no seu modo de ser, dando um sentido peculiar à locução "sedento de vingança" que associamos a ele. Técnico em armas e suplícios, ele os assiste com um prazer dos mais suspeitos:

A cada pressão do carrasco, um jato de sangue se precipitava do pescoço do condenado. Desta vez Franz não aguentou mais; jogou-se para trás e foi cair meio desfalecido numa poltrona. Alberto permaneceu de pé, mas com os olhos fechados, e agarrado às cortinas da janela. O conde estava de pé e triunfante como o anjo mau.

A sua teoria da gradação da vingança corresponde ao desejo monstruoso de distender o sofrimento ao máximo, e ele a aplica meticulosamente, somando à morte as torturas morais, até ficar saciado e hesitar. Mesmo quando auxilia faz sofrer, e só num cérebro de verdugo passaria a ideia, que executa com minúcia, de salvar Valentina de Villefort para o seu amado Maximiliano, mas deixando-o durante meses pensar que ela morreu — a fim de o aperfeiçoar moralmente! Sob a correção impecável da aparência e das maneiras, Monte Cristo manifesta em profundidade certos aspectos de fúria demoníaca, sanguinolenta, que o aproxima dos personagens criados pela corrente "frenética" do Romantismo.[4]

Deixando-nos ver que a Providência não passa de uma alegoria de projeção, aquela fúria se une aos fatores sociais para configurar a prepotência do conde e explicar a vacilação que o assalta de repente, quando se vê no alto, "potente e solitário". A afirmação desmesurada do próprio Eu foi alargando em torno dele o silêncio e a solidão, até que sentiu a vertigem final do individualismo e recuou na obra vingadora. Recuou tarde, provavelmente, porque em tais casos quase nunca é possível

---

[4] Sobre esta tendência romântica ver: Mario Praz, op. cit., cap. II — "Le metamorfosi di satana" e III — "All'insegna del divin marchese"; Pierre-Georges Castex, "Frénésie romantique", em *Les Petits Romantiques français*. Paris: Les Cahiers du Sud, 1949, pp. 29-38. Alexandre Dumas cultivou o gênero macabro e vampiresco nos contos do livro *Les Mille-et-Un Fantômes*. Ver Albert-Marie Schmidt, "Alexandre Dumas Père et ses fantômes", na mesma obra, pp. 206-211.

voltar atrás. Quando nos proporcionamos, como ele, o privilégio de exercitar as nossas veleidades à custa do próximo (o exercício das veleidades pessoais se dá sempre em detrimento, não acréscimo às dos outros), não podemos evitar que o próximo se afaste de nós, porque à medida que nos exaltamos como indivíduo, nos desumanizamos pela perda do contato humano. E quando conseguimos impor aos outros tudo o que pretendíamos dizer, fazer, plasmar, não temos o direito de pretender — ainda por cima — que os outros carreguem o nosso poderoso andor. Do alto da vingança monumental, Monte Cristo sente essa maldição, implícita na moral individualista e no carreirismo econômico, e procura reumanizar-se por alguns atos de retração da sua vontade onipotente.

Não deixa de ser meio decepcionante essa recuperação da normalidade ética, após um esforço tão grande de exceção. Tudo vai voltar aos eixos, e o burguês pode dar sossegado este livro aos filhos... O seu fim, sem apagar o movimento anterior (isto é, o direito de impor violentamente o próprio Eu, sempre que disso resultar acréscimo espiritual ou material), paga o devido tributo à mediania das virtudes civis, penhor de toda sociedade... O recuo de Monte Cristo, sendo um imperativo lógico de toda hipertrofia individualista, é também uma renúncia aos riscos do Romantismo criador. O conde se cansa, como todo obreiro; arquiva a paixão de fogo e gelo que o animou durante mais de vinte anos, entrevendo, num primeiro impulso de senilidade, o conforto nos braços dóceis da jovem Haydée. "Aguardar e ter esperança" — aconselha então. Mas haverá lugar para os que sobrevivem à própria missão, construtiva ou destruidora?

When all is told
We cannot beg for pardon.

Nota

Os elementos básicos do enredo d'*O conde de Monte Cristo* foram extraídos por Dumas dum fato policial, narrado sob o título de "Le Diamant de la vengeance", em J. Peuchet: *Mémoires tirées des archives de la police de Paris depuis Louis XIV jusqu'à nos jours*, 1838. Nas suas *Causeries* (1857), Dumas relata a gênese do livro. Tencionava escrever uma obra descritiva sobre a cidade de Paris; o editor exigiu porém um romance, em que os elementos descritivos servissem de quadro. Dumas resolveu desenvolver "Diamant de la vengeance". Como uma visita à ilha de Monte Cristo o havia fascinado com o lugar e o nome, principiou a narrativa pela Itália, com a experiência de Franz d'Épinay na caverna feérica da ilha, e escreveu, na primeira pessoa, toda a parte italiana (atuais capítulos XXXI-XXXIX, formando a quarta parte do livro). Um personagem misterioso, o conde, encontraria em Roma o jovem narrador e seu amigo e depois viria a Paris a pretexto de conhecer a cidade, mas de fato para vingar-se, conforme as linhas do caso policial, e assim foi feito no livro. A essa altura Maquet sugeriu que desenvolvesse a parte marselhesa, com a prisão e antecedentes, e fez um plano completo da parte parisiense final. Dumas aceitou e ambos puseram mãos à obra.

Ver Alexandre Dumas, *Le Comte de Monte-Cristo*. Avec introduction, bibliographie, notes et variantes par Jacques-Henri Bornecque, 2 v. (Paris: Garnier, 1956) que traz na introdução o plano até então inédito de Maquet; em apêndice, o trecho aludido das *Causeries* e a narrativa de Peuchet. Veja-se ainda: Henri Clouard, *Alexandre Dumas*. Paris: Albin Michel, 1955, cap. VII: "*Le Comte de Monte-Cristo* et autres romans de moeurs", pp. 297-307; André Maurois, *Les Trois Dumas*. Paris: Hachette, 1957, 6ª parte: "Monte Cristo", pp. 218-226.

Entre campo e cidade

O desacato é a condição do progresso...
Quem respeita decai.

João da Ega

I

Observada no conjunto, mesmo de maneira superficial, a obra de Eça de Queirós se apresenta em grande parte como diálogo entre campo e cidade — ora predominando a nota urbana, ora fazendo-se ouvir mais forte a nota rural. Numa sociedade europeia do século XIX, como a portuguesa, cidade deveria significar vida moderna, intercâmbios sociais intensos, participação na civilização capitalista do Ocidente. Campo significaria tradicionalismo, economia agrária, sentido paternal nas relações entre as classes. De um lado, o banqueiro, o cientista, o técnico, o pelintra: Cohen, Julião, Jorge, Basílio. De outro, o senhor morgado, o agricultor, o apaniguado, o caseiro: Gonçalo Ramires, Zé Fernandes, o Pereira "Brasileiro", José Casco, Melchior.

Nos primeiros livros sentimos predominar a visão urbana da vida, mesmo quando o tema é rural ou semirrural. O jovem Eça, socialista, nutrido de cultura francesa, concebia a sociedade como organismo em progresso constante, impelido pela técnica industrial sob o signo da concorrência econômica. O que via na pátria, todavia, era uma civilização pachorrenta, baseada na agricultura e no comércio, quase inteiramente à margem da vida febril do Ocidente. Basta ler *As Farpas* para ver que o seu intuito, como o de Ramalho e toda a geração de 1865, era sacudir o pó, espanar as teias de aranha que abafavam a pequena pátria; daí a revolta, a sátira com que entra em campo, o tom áspero que transforma os seus romances em livros de oposição. O jovem bacharel socialista odiava a estagnação do país, os costumes conservadores e os grupos que os representavam. Clero, aristocracia, burguesia, tudo lhe despertava a inclinação combativa.

Odiava os hábitos modorrentos, que amorteciam o caráter; a educação das crianças, "no choco", com as criadas; a "instituição dissolvente do namoro"; a falta de iniciativa dos homens; a irresponsabilidade dos dirigentes. A província, atrasada e mofada, fornecia à grande aldeia lisboeta um material humano lasso, desfibrado física e moralmente. Segundo Afonso da Maia, dentre "essa triste geração moderna", apenas um ou outro rapaz, habituado a correr touros, seria capaz de "dar um bom soco" ou de ter "a espinha direita". Há por toda a sua obra um nojo largamente ostentado pelos costumes anti-higiênicos: a falta de exercício, a camisa de flanela com os bentinhos, o cauteloso e periódico banho de bacia. "Você devia fazer ginástica, e muita água fria por essa espinha abaixo", aconselha o marquês ao velho D. Diogo, que "apaparica-se muito". Tomando ao pé da letra o rompante satírico, o leitor fica com a impressão de que em Portugal toda a gente se apaparica e tem medo de água. O que caracteriza os seus heróis prediletos — Carlos, Gonçalo, Afonso — é o "culto da tina" e da vida arejada. Afonso da Maia "sempre tivera o culto supersticioso da água; e costumava dizer que nada havia melhor para o homem — que sabor de água, som de água e vista de água".

Ora, assim como Eusebiozinho vem de Resende, toda a caspa de Lisboa vem da província. Eis a primeira lição que aprendemos com o jovem Eça, que imaginou justamente inverter a corrente para regenerar o país. E Lisboa, modernizada, tonificada, industrializada, provida de uma elite capaz, entraria de lança em riste pela província adentro, na faina de incorporá-la à civilização do século XIX. João da Ega entendia que o simples fato de Carlos da Maia se vestir bem, e ter boa mão para guiar cavalos de raça, fazia dele uma força civilizadora em Portugal.

2

Nos primeiros livros, o seu ponto de vista é o de um homem da cidade, dum crente na cultura urbana do tempo. N'*O crime do padre Amaro* a vida provinciana é literalmente arrasada, e o ex-administrador do conselho de Leiria personifica nos seus administrados todo o vício da província, com o mesmo sarcasmo e a mesma antipatia que lhes votava como homem da cidade. O padre aparece sob as piores cores, como agente de dissolução das consciências e dos costumes; o funcionário, madraço inveterado, é incompetente e leviano; o respeitável burguês, um Joseph Prudhomme tanto mais revoltante quanto não há forças vivas que o contrastem; o homem da rua (que perpassa no livro), o camponês (que se demora um pouco mais), miseráveis, embrutecidos, corroídos de ignorância e bestialidade. Não sobra lugar para o bucolismo da roça nem para a poesia das cidadezinhas. Com o famoso monóculo metido na órbita, rebrilhando sarcasmo, por enquanto o romancista só vê atraso, estupidez, inconsequência de uma vida social que não acompanha o ritmo do tempo.

Não obstante essa visão unilateral — e quem sabe devido a ela —, *O crime do padre Amaro* é um excelente livro, menos esquemático e caricatural do que outros do autor. Lembra certos quadros de Goya, feitos de preto, cinza, amarelo e escarlate; quadros secos, diretos, gritantes e violentos. O negro das sotainas eclesiásticas, as mantilhas negras das beatas, as sobrecasacas pretas dos burgueses se movem lentamente contra as paredes cinzentas da catedral. Em cima deles, bate o sol da província, cru, dourado, devassando sombras e enlourando as messes. As messes envolvem a cidade, enchem as quintas dos morgados e dos padres, pintalgadas de papoulas rubras, fincadas no amarelo-ocre das terras ressequidas, onde se embebe o sangue de Amélia. E a atmosfera — densa, carregada, cheia de augúrios.

Esse contraste de cores, essa simplificação dos grupos humanos (*o* clero, *a* burocracia, *a* burguesia), correspondem à visão do homem da cidade, mais interessado no fenômeno do que nos seus protagonistas. Eça encarou Leiria do ponto de vista metropolitano, isto é, movido a compreender para verberar e não para justificar. Para ele, nessa fase da sua obra, a humanidade da província ainda é apenas um problema social a ser analisado e resolvido. Porque um dos ideais do romance naturalista, a objetividade científica, foi bem cedo contrabalançado e comprometido pelo normativismo social, herdado dos românticos, d'*Os mistérios de Paris*, d'*Os miseráveis*. A evolução é flagrante na obra de Zola, terminada pela utopia social, deixando-se perceber menos na de Eça, porque este, socialista desde a mocidade, sempre teve da arte uma noção pragmática, como expôs nas conferências do Cassino Lisbonense. De acordo com esta noção dá aos primeiros livros uma inflexão combativa, uma função de luta e reforma. Cada personagem deixará de ser apenas um personagem para transformar-se em paradigma, encarnar um tipo social a louvar ou combater. N'*O crime do padre Amaro* este perigo está menos presente, porque pintou coleções de indivíduos, de preferência a indivíduos isolados. Em lugar da poeira de personagens autônomos d'*Os Maias*, organizou massas simples (clero, burguesia, beatas) e as fez mover em torno da sua tese social, como as diferentes partes de um teorema em torno da proposição. Essa simplificação limita a humanidade dos personagens, mas reforça a intensidade do problema e, portanto, desse romance eminentemente social, de oposição e combate.

N'*O primo Basílio* o romancista se instala dentro da cidade, da grande cidade, fazendo um romance puramente urbano: romance da capital, com visão de habitante da capital. Em Lisboa, o pecado se despoja da agressividade e da força, propiciada pela vizinhança da terra, da natureza, para se requintar em sentimentos enervantes, em lassidões — em vício, numa palavra. A decomposição dos costumes burgueses é analisada com a mesma impiedade que caracteriza *O crime do padre Amaro*. Lisboa não representa mais saúde social do que Leiria, e o campo se engrena com a cidade para completar a visão pessimista da sociedade portuguesa. O pessimismo desses dois livros é um quinhão do Naturalismo literário, presente tanto em Zola quanto no precursor Flaubert, em Aluísio de Azevedo e Eça de Queirós. Tomados entre a contradição violenta da civilização capitalista do século XIX — entre a burguesia ascendente, criadora de novos estilos, e o processo vertiginoso de proletarização —, os romancistas realistas e naturalistas padecem do sentimento agudo das desarmonias. Flaubert se sublima no culto da arte e no ódio ao filistino, procurando ao mesmo tempo uma objetividade que suprimisse a necessidade de optar. Zola cultiva a visão brutal da existência, o determinismo fisiológico e social, para acabar nos sonhos de redenção. Aluísio, em contexto histórico diverso, propõe rasgadamente o problema dos desajustamentos de raça. Eça vergasta com ironia e sarcasmo a impotência da sociedade do seu país para resolver as próprias oposições históricas; para escolher entre a continuação do estilo agrário, da sociedade aldeã, e o sentido moderno, isto é, urbano, da civilização oitocentista, que no limite implica supressão da vida rural como estilo e como cultura, embora não como atividade econômica.

Basílio de Brito, snob de fancaria, pretende ser um ente civilizado "do boulevard", alardeando requintes com a maior falta de tato. No entanto, esse rastaquera intolerável é um português de boa família que quis dar-se "ares lá de fora". O fracasso é lamentável, como será com outros burgueses embandeirados de Eça, a começar pelo Dâmaso. Fica a impressão de que o romancista não vê salvação possível para os seus personagens além do ramerrão em que vegeta Portugal: o contato sem mais nem menos entre o "jardim da Europa" e a civilização arejada, francesa ou inglesa, pode determinar produtos híbridos, estéreis e desfibrados, como Basílio e o seu amigo visconde Reinaldo. A cultura molenga do namoro, do chá das dez, do Passeio Público e da *Carta* (a cultura que produziu Luísa e o conselheiro Acácio) não resiste ao embate das ideias novas e vigorosas. Mais tarde, veremos n'*Os Maias* os músculos balofos de Eusebiozinho — criado lusitanamente nas saias da "mamã" e da "titi"— demolidos pela solidez britânica de Carlos, treinado pelo preceptor Brown numa educação escandalosamente varonil e sadia, que "nunca fora aprovada pelos amigos da casa". O Ega, do seu lado, vê um latagão sueco dispersar a murro uma escolta do Exército, cujo comandante, "enfiado de terror, meteu-se para uma escada, a vomitar". *O primo Basílio* reflete esse marginalismo do burguês lisboeta, espremido entre a sua sementeira rural (que não corresponde mais ao comportamento *civilizado*) e os padrões modernos (que não consegue assimilar). Como lhes falta tônus, o burguês lisboeta e o resto de Portugal não conseguem forjar um estilo original de vida ou de pensamento.

Do ponto de vista técnico, ao contrário do que observamos para os provincianos d'*O crime*, Eça não consegue neste romance simplificar os homens da cidade em grandes massas. Simplifica-os um por um, isoladamente, esquematizando onde o esquema cabe mal. A sociedade de Lisboa, muito mais complexa e portanto mais rica, escapa às estratificações facilmente perceptíveis em Leiria, e o romancista é obrigado a cuidar mais dos tipos que dos grupos. Luísa, Basílio, Jorge, Julião, Sebastião, Acácio, Juliana, D. Felicidade são realmente personagens-tipos, desprendidos da nebulosa primitiva da sua classe a fim de simbolizarem alguma coisa. A ausência de profundidade psicológica não prejudicava *O crime do padre Amaro*, porque tratava-se nele, como vimos, de movimentos quase corais dos grupos da sociedade. Já n'*O primo Basílio* a sua falta inaugura a técnica do esquematismo e da caricatura, que Eça nunca mais conseguirá abandonar e que, se por um lado importa em prejuízo da sua obra, constitui, do outro, a razão principal da sua impressionante acessibilidade.

Num livro do mesmo período, *O conde de Abranhos*, deixado em estado de esboço e publicado quase cinquenta anos mais tarde, a caricatura alcança a hipertrofia. O conde continua a linha do conselheiro Acácio e precede Pacheco e Gouvarinho como estudo dos meios políticos nacionais. Mas enquanto todos eles se esbatem na estrutura dos livros de que fazem parte, Abranhos permanece isolado, absorvendo todo o romance. Era um tour de force caricatural que Eça não conseguiu levar avante, produzindo uma chanchada sem valor. Pela mesma altura, preocupa-se intensamente com as *Cenas da vida portuguesa*, que, a terem sido realizadas, seriam a apoteose da ficção *urbanista* em Portugal, ou seja, a aplicação de um ponto de vista crítico e moderno à análise dos costumes. Os fragmentos desse grande painel deixam patente o objetivo e nos levam a refletir nas causas do abandono. *A capital*, sobretudo *O conde de Abranhos* e *Alves & Cia*.,[1] rejeitados com razão pelo senso artístico do autor, importam numa falência da grande tentativa

---

[1] Embora haja leves indícios do ano de 1890, não se sabe a data em que foi escrito *Alves & Cia*. De qualquer modo é fora de dúvida que esta novela se prende às *Cenas* pelo espírito e pelo assunto.

de construir a Suma Urbana do seu país. *Os Maias*, a que ficou parcialmente confiada a tarefa, já denotam orientação diversa, para não falar na indigesta pantomima d'*A relíquia*, onde o problema se mistura à preocupação evocativa, que marcará daí por diante (embora noutro sentido) a obra de Eça.

3

Todavia, o que assinala o apogeu do *urbanismo* do nosso autor não é *O primo Basílio*, nem são os esboços que lhe sucedem; é *A correspondência de Fradique Mendes*, espécie de tratado do homem moderno. O personagem ideal de Fradique é o homem supercivilizado do século XIX, flor das grandes cidades, que absorve todos os requintes e comodidades da civilização. Mefistófeles acenava para a cobiça de Fausto, entre outras coisas, com a força de seis cavalos que o haveriam de transportar aonde quisesse. Goethe acertou ao incluir a mobilidade no espaço entre as prendas dignas de serem oferecidas pelo tentador finório: se é filha das cidades, a civilização burguesa é afilhada da mobilidade, e graças a esta é que se pôde expandir e firmar. Fradique, ultraburguês oitocentista, acrescenta às suas forças, não a dos seis cavalos de Mefistófeles, mas a do vapor, da máquina, do telégrafo, revestindo-se por seu intermédio duma mobilidade extrema, podendo palmilhar o mundo e esquadrinhá-lo, na procura verdadeiramente fáustica do enriquecimento pessoal.

O mundo, para ele, não é o material que se transforma e sobre o qual age a vontade do homem criador — isto é, do Segundo Fausto; mas uma simples *ocasião* e quase um instrumento de cultivo do próprio Eu. Quem lhe dá esse domínio sobre o mundo é a civilização burguesa: instrumentos, aparelhos, veículos, invenções de toda espécie se adicionam à sua pessoa como atributos de onipotência e ubiquidade.

Parece que a Índia e a Pérsia, o Egito e a Etiópia, a Europa e a América, a sabedoria oriental e o budismo, as guerras de liberdade e a civilização industrial têm por função apresentar a esse símbolo risonho uma oportunidade para enriquecer o próprio Eu. Do socialismo, Eça guarda nesse livro de ideias fáceis apenas o senso da relatividade das instituições políticas e sociais — que, aliás, não precisaria ser socialista para possuir. Nele, jaz em embrião a famosa equação de Jacinto: "suma ciência + suma potência = suma felicidade".

E Fradique morre feliz ("não acaba mais docemente um belo dia de verão"), tendo sido a vida toda uma síntese dos requintes da civilização urbana. Portugal, o pequeno Portugal bucólico, causa-lhe infinito desdém e um certo encanto divertido, complacente, como o de quem visse uma roca de fuso no canto perdido de uma grande fábrica moderna. Segundo ele, a pátria deveria deixar de fumaças e levar a vida que lhe competia, uma vida patriarcal e retrógrada, com senhoras agachadas em esteiras, negros e boleeiros nos pátios das casas nobres, fogos de vista e touradas para o povo. Os seus intelectuais deviam largar da mania de civilização e voltar a glosar, em troca duma moeda ou de um prato de comida, os motes sugeridos pelos fidalgos. A impressão que nos ficara d'*O primo Basílio*, de um Portugal inconciliável com a civilização urbana contemporânea, é confirmada pela *Correspondência de Fradique Mendes*. Querendo forjar um tipo altamente civilizado, que não fosse um pelintra como Basílio ou o visconde Reinaldo, Eça liberta-o dos quadros da pátria, lançando-o na corrente cosmopolita da vida internacional.

N'*O mandarim* (cujo sentido principal, seja dito, está longe de ser este) podemos ver fenômeno semelhante na incapacidade de Teodoro viver na pátria a vida nababesca que os seus milhões tornavam possível. Quem se adapta ao clima português é Teodorico Raposo, "o obsceno homem", patriota sincero...

"Raposo, daqui e d'além-mar", "em letras mais enfunadas que velas de galeões". Se Fradique é o anverso ideal, Raposo é o reverso satírico do burguês lusitano. A concepção da vida portuguesa, expressa nos primeiros romances, sublima-se em paradigmas n'*A correspondência* e n'*A relíquia*. Enquanto Fradique Mendes é o burguês idealizado, o perfeito tipo cosmopolita a que tenderia o português civilizado, se Portugal se civilizasse realmente, Raposo é o fruto de uma educação lamentável, o burguês que constitui a média caricatural da sociedade lisboeta, mistura bastarda, segundo Eça, de carolice conservadora, enxovalhada pelos apetites, e da "Burguesia Liberal, onipresente e onipotente". E Raposo ama a pátria com ternura. Em Jerusalém, falta-lhe a doçura dos costumes natais. "Em Lisboa é que é! Vai-se ao Dafundo, ceia-se no Silva... Isto aqui é uma choldra!" Lisboa para ele é a boa terra do prazer e da indolência, únicas aspirações de um "singelo cérebro de bacharel", preocupado em "refocilar", em "petiscar".

4

Antes de escrever estes livros, no entanto, Eça já não era mais o romancista urbanófilo das primeiras obras, como também já não era mais o socialista dos primeiros tempos: havia abandonado a linha da oposição e do sarcasmo integral. O colaborador d'*As Farpas* — para quem a salvação do país estava na introdução do progresso técnico e científico, na liquidação do paternalismo agrário — começara a deixar-se invadir pela sedução do velho Portugal. Os seus romances irão revelando, pouco a pouco, um abandono do ponto de vista *urbanista* em proveito do sentimento rural; em proveito daquele mesmo passado que ele a princípio renegou integralmente.

Os Maias exprimem com nitidez este recuo ideológico. N'*A capital*, concebida sob o impulso do urbanismo, um provinciano desajeitado, oriundo de uma vilota odiosa e sufocante, é derrotado pela perfídia brutal da cidade. É uma visão de Lisboa através de um pobre-diabo do campo. N'*Os Maias*, este provinciano se transformará no requintado Carlos da Maia, e ao corte na vida da grande cidade se juntarão uma tragédia sentimental e um contrapeso rústico. Com efeito, é um romance construído em torno de duas direções, a rural e a urbana, assentada sobre dois fulcros, Lisboa e a quinta de Santa Olávia. Sendo um romance da cidade; sendo mesmo, na intenção do autor, o romance urbano por excelência, resulta não obstante num jogo de báscula entre o campo e a cidade. O gentleman lisboeta Carlos da Maia deve ser explicado pelo menino Carlinhos, livremente criado nas boas terras da Beira, desencavando ninhos de corujas, fazendo "ladear a Brígida", executando no trapézio estrepolias que viram o estômago do bom vigário Custódio, arvorando indiscretas pranchas anatômicas, forjando os músculos e o caráter numa vida aberta e sem medo. O eixo moral do livro é o contraste entre a vacuidade da superficialíssima civilização burguesa de Lisboa (com os seus politicoides faladores, os seus literatos estéreis, os seus aristocratas sem consistência) e a vida reta, digna, saudável do velho Afonso da Maia, "simples beirão" cujo caráter "adquirira a rica solidez dum bronze velho". O romance se desenvolve em torno dessa oposição e, como um mau presságio que se realiza, acaba pela vitória da cidade sobre o campo. Lisboa desfibra Carlos da Maia, transformando-o num *viveur* inútil; o avô morre, aniquilado pelo infortúnio.

A análise do livro nos leva a conclusões parecidas às que já fizemos: Lisboa mostra-se incapaz de integrar o ritmo da vida moderna. Quando tenta arrancar-se à modorra provinciana — nas corridas de cavalo, nos saraus literários —, cai no mais lamentável ridículo. Os homens de espírito não a levam a sério, insultando-a, como João da Ega, ou desdenhando-a superiormente, como Carlos, o gentleman-padrão Guilherme Craft, o correto visconde de Darque, criador de cavalos finos incompreendido pela grosseria ambiente. Embasbacam-se ante a cidade, ou toleram-na alegremente, os políticos e banqueiros, como Cohen e o conde de Gouvarinho; os patriotas meio ridículos, como Alencar e Vilaça, os pelintras e a ralé, como Taveira e o Palma Cavalão. A vocação de Lisboa (lê-se a cada instante nas entrelinhas) é para aldeia grande e, em meio a essa confusão de estilos, ressaltam os tipos de "boa cepa rural", os fidalgos do campo, de tradição e caráter. O marquês de Souzela e Afonso da Maia inauguram uma série de aristocratas rurais que serão daí por diante na obra de Eça de Queirós, e sempre aos pares, os detentores da fibra ou da generosidade que falecem ao Portugal urbano e burguês. É uma oposição simbólica entre a civilização das cidades e a velha civilização campesina, em que (inesperadamente num socialista) esta leva todas as vantagens; o par Gonçalo-Titó, n'*A ilustre casa de Ramires*; o par Jacinto-Fernandes, n'*A cidade e as serras*.

Nessa *passagem* da cidade para o campo *Os Maias* ocupam posição-chave, porque significam a liquidação definitiva da sociedade lisboeta, e porque na sua trama ressalta a quinta de Santa Olávia como contrapeso e fonte de energia moral. O campo abastece a cidade de material humano. E se Gouvarinho provém dos "férteis vales" do Mondego, "de Formozelha, onde tinha casa, onde vivia idosa sua mãe, a senhora condessa viúva"; se Eusebiozinho, a "ascorosa lombriga e imunda osga", desceu melancolicamente de Resende — isto é, se o campo mandava os seus detritos —, não é menos verdade que João da Ega, "homem de gosto e de honra", saiu de Celorico--de-Basto e, sobretudo, que Afonso da Maia, "varão de outras idades", e o espécimen soberbo que é Carlos, têm plantadas no campo as raízes pelas quais nutrem, um, a sua pureza, outro, a sua harmoniosa virilidade. E mesmo o conde de Gouvarinho ("um asno, um caloteiro", segundo o marquês), "metendo a roupa branca em linha de conta [...] talvez [fosse] o melhor" dentre os políticos portugueses. Os puramente urbanos, ou integrados de todo no ramerrão burguês, como o sr. Sousa Neto e o trasmontano Rufino, constituiriam uma sub-humanidade grotesca.

5

De tal maneira foi se acentuando em Eça de Queirós a convicção das excelências do campo como formador de homens e reserva tradicional do caráter português, que o seu próximo livro, para muitos a sua obra-prima, será um romance rural. *A ilustre casa de Ramires* é o anti-*Basílio*. Embora os Ramires andem decadentes (pois acompanham a curva das vicissitudes do Reino), é na tradição por eles formada que o seu último rebento vai encontrar energia para obstar à decomposição do próprio caráter e afirmar uma superioridade cheia de orgulho de estirpe. Verifica-se, então, um fato da maior importância para interpretar o nosso romancista: parece que ao encontrar-se plenamente com a tradição do seu país, ao realizar um romance plenamente integrado no ambiente básico da civilização portuguesa (a quinta, o campo, a freguesia, a aldeia, a pequena cidade: Santa Ireneia, Bravais, Vila Clara, Oliveira); parece que só então Eça de Queirós conseguiu produzir um personagem dramático e realmente complexo: Gonçalo Mendes Ramires. Parece que só então pôde libertar-se da tendência caricatural e da simplificação excessiva dos traços psicológicos.

N'*A ilustre casa* o romancista se comporta como homem do campo. A cidade de Oliveira é vista do ângulo da Torre e não, como a Leiria do *Padre Amaro*, do ângulo de Lisboa. A preocupação urbana da reforma social não se manifesta mais aqui; reconciliado com o sentido tradicional da civilização da sua pátria, o romancista vai encontrando no campo repouso para a inquietude. Bem ou mal organizado, não importa, ele lhe aparece como lugar de poesia e tranquilidade, em que as energias se retemperam e o espírito descansa. A sua paz cura as feridas abertas pela cidade, e o socialista se abandona à poesia agreste, à convenção bucólica, envolvendo em ternura o atraso dos fidalgotes pachorrentos, a beatice das senhoras, a inépcia da "Autoridade" — que tanto o assanhavam a princípio. *A ilustre casa* é o seu romance menos proselitista e mais compreensivo. O amigo João Gouveia, se vivesse n'*Os Maias* ou n'*O crime*, seria um bode expiatório, um exemplo flagrante de funcionário politiqueiro e ineficaz; mas como vive n'*A ilustre casa* — e com que vida —, é o simpático e esperto amigo Gouveia, "de dedo espetado", companheiro de ceias no Gago e de bilhares na Assembleia. O bom Barrolo nem chega a ser grotesco na sua bacoquice, porque a humanidade de Gonçalo o envolve e protege numa compreensão que nunca o gentleman Carlos da Maia procurou dispensar ao outro gordo bacoco, o Dâmaso. É que o burguês apatacado ou o fidalgote obtuso não eram mais para Eça de Queirós apenas um monstro a ser derrubado a golpes de "boa pena de Toledo", mas um ser humano, que também tinha os seus problemas e que compunha a paisagem docemente retrógrada "do bom Portugal".

A cidade e as serras vai ainda mais longe, a ponto de romper o equilíbrio conseguido n'*A ilustre casa*, e é uma espécie de anti-*Maias*, como o segundo é um anti-*Basílio*. A balança se inclina agora para o lado oposto e Eça pretende fazer o romance rural por excelência, deixando-se dominar de novo pelo velho pendor caricatural que, nele, é o mais poderoso instrumento de trabalho. A apoteose da Serra sobre a Cidade é preparada com minúcia amorosa, e o fradique Jacinto, seu instrumento passivo, leva ao máximo alguns aspectos do fradiquismo, tornando-o uma filosofia neuroticamente urbana. O arrojo meio aventureiro de Fradique Mendes — que o levou a lutar na Abissínia, a explorar o Nilo, a combater com Garibaldi na Sicília, de camisa vermelha — falece por completo a um indivíduo a quem a "bem sociável floresta de Montmorency" causava arrepios, quando saía do carro e pisava a terra descoberta: "qualquer chão que os seus pés calcassem o enchia de desconfiança e terror". A civilização torna-se um culto requintado, um dever penoso e absorvente, exercido com reverência na micrópolis do "202". Para Jacinto, a natureza é a inimiga que rebaixa o homem do pedestal de cultura, impondo a "súbita e humilhante inutilização de todas as suas faculdades superiores". No entanto, este superurbano, ressecado pela neurastenia, vai redimir-se no campo, trocando a civilização da cidade (apresentada com nojo intenso na última viagem de Zé Fernandes a Paris) pela pureza sadia da velha existência patriarcal. Por meio da caricatura e do esquema, o romancista procede a uma inversão do fradiquismo e mostra como a suma sabedoria + suma potência = suma servidão. A escapatória, não há dúvida, já estava indicada desde *Os Maias* e insistentemente afirmada n'*A ilustre casa*; o seu Mercúrio é o próvido Zé Fernandes, simples e bom fidalgo de serra acima, de gostos chãos e necessidades modestas. O ideal do príncipe da Grã-Ventura consistirá, pois, em desfradiquizar-se por meio da volta à tradição rural da sua pátria e da sua gente. Reconheçamos que o seu namoro com a Serra é meio cômico; o demônio iconoclasta da mocidade não permitiu ao romancista quinquagenário e acomodado realizar uma aliança convincente e regeneradora entre o filho deprimido da civilização citadina e os costumes redentores do campo. O excesso de bucolismo esquemático atrapalha a boa vontade de Eça, desvitalizando o seu idílio serrano. Os namorados não são os homens mais perspicazes: Eça e Jacinto não escaparam à regra na jornada de Tormes.

Para o nosso intuito, porém, interessa principalmente o valor de sintoma d'*A cidade e as serras*, isto é, o seu significado de integração na convenção bucólica e a busca de um sentido mais harmonioso na existência campestre. As vidas dos santos, principalmente a de são Cristóvão, importam pelo mesmo motivo. Note-se, aliás, que em Eça de Queirós o ruralismo e mesmo o tradicionalismo vieram corresponder a tendências literárias acentuadas, quais sejam o sentimento plástico e o talento descritivo. O campo sempre foi oportunidade para algumas das suas melhores descrições e ambientes mais sugestivos, a ponto de o sentirmos meio aprisionado em obras como *O primo Basílio*, onde a atmosfera urbana e a densidade das relações não lhe permitem maior desafogo. Os seus livros precisam respirar, e não sossegam enquanto não encontram uma nesga de natureza, por menor que seja — como a paisagem ribeirinha que Afonso desfrutava do Ramalhete, espremida entre dois prédios altos.

6

No perfeito romance urbano os personagens e problemas estão desligados de qualquer background rural, e o autor estabelece uma escala de valores que não passa pelo campo. Para falar a verdade, um romance urbano *quimicamente puro*, isto é, cujos ingredientes fossem absolutamente urbanos, não podia existir no século XIX, cuja civilização estava solidamente enraizada no campo, de onde recebia seiva e energia, embora tomasse em relação a ele posições as mais das vezes antagônicas. Em Portugal, ao tempo de Eça, mais do que em outra parte da Europa Ocidental, a cidade era ainda um prolongamento campesino, forcejando por opor-se à origem, por afirmar características próprias, hauridas no exemplo da civilização capitalista do momento e, porventura, numa tradição local de comércio, em que o mercador dava o braço ao fidalgo e o rei era uma espécie de caixeiro-mor. Seja como for, seria difícil nessa atmosfera levar a cabo um romance harmonioso que fosse puramente urbano. Os de Eça, com exceção d'*O primo Basílio*, de *Alves & Cia.*, talvez d'*A relíquia*, constituem campos de luta entre os dois tipos de vida, ora predominando um, ora outro; e o conjunto do processo revela abandono progressivo da cidade pelo campo. Se os fundamentos agrários de Portugal não nos dão a explicação deste fenômeno (porque as estruturas econômicas e sociais nem sempre condicionam formas de arte), não há dúvida que, juntamente com certos fatores de ordem pessoal, concorrem para determiná-lo.

Um dos índices mais seguros para estudar as ligações de Eça de Queirós com os velhos padrões da sua terra é a ética dos seus romances. Neles, não encontramos um só tipo *moderno*, *avançado*, que consiga realizar equilíbrio apreciável na vida, quer moral, quer apenas mundanamente. Excetua-se Fradique Mendes, que não é propriamente personagem de romance, mas um exercício intelectual. Com efeito, Eça jamais se libertou da velha moral portuguesa, do culto idealizado da honradez aldeã e forte, de um padrão corriqueiro e convencional, que em suma é o de Júlio Diniz. Quando, na *Chartreuse de Parme*, de Stendhal, o conde Mosca propõe a Gina Pietranera o casamento branco com o velho duque Sanseverina, para que possam ser amantes livremente, ela observa: "Sabe que é imoral o que está propondo?". Não obstante, aceita, e traça livremente a sua conduta segundo a situação — pois a sua personalidade transcende as convenções de tal maneira que não há lugar para os escrúpulos do preconceito, quando eles importam em limitação da energia vital. Stendhal cria para os seus personagens uma ética própria, alheia à moral comum; um clima de exceção para almas de elite, graças ao qual podem ser levadas ao cadafalso, à prisão, à reprovação pública, mas no qual podem desenvolver integralmente todas as suas capacidades e viver acima da norma. Para o conde Mosca, Fabrício, Julien Sorel, Mathilde de La Môle, a Sanseverina, os padrões são camisas de força que é necessário romper; e só quando os rompem dão a sua medida. Em Eça, pelo contrário, há um apelo permanente à norma, e os que dela se afastam estão condenados. Num livro seu, Gina del Dongo seria uma perdida, como Maria de Monforte, ou uma fraca vítima das circunstâncias, como Luísa; e em ambos os casos terminaria certamente punida de modo exemplar pelos seus desvarios.

Em Stendhal, os personagens *morais* são intoleráveis, havendo no fundo de cada um deles um patife ignorado ou ostensivo: o marquês de Puy Laurens, Monsieur de Rênal, o marquês del Dongo. Em Eça eles servem como ponto de referência na aferição do comportamento dos outros, são realmente morais, de uma moralidade que se convencionou ser portuguesa — severa, inteiriça. É o dr. Gouveia, n'*O crime*, espécie de dr. João Semana que houvesse lido Darwin; é Sebastião, n'*O primo Basílio*; é Afonso, n'*Os Maias*; é o Titó, n'*A ilustre casa* — uns mais requintados, outros mais rudes, todos terrivelmente portugueses à maneira velha. Ora, se justamente a tais personagens comete Eça a tarefa de contrastar as podridões da decomposição social e as fraquezas dos caracteres individuais, podemos dizer que jamais conseguiu liquidar dentro de si aquele tradicionalismo contra o qual investiu na mocidade. Nem ele, nem Antero de Quental, nem Oliveira Martins, nem Guerra Junqueiro — que acabaram todos na exaltação da vida campestre, da moral rústica ou das virtudes tradicionais, quando não aplacaram a luta das contradições interiores por meio da conversão ou do suicídio.

Como Eça não se libertou da velha ética, era de esperar que o seu socialismo e a sua irreverência acabassem por ser, não vencidos, que nunca o foram, mas equilibrados, compensados, pela irrupção dos antigos valores recalcados: sentido rural da vida; acatamento da tradição; conformismo em relação aos poderes estabelecidos; senso poético, em vez de destruidor, da cultura portuguesa. Sobretudo não havendo em Portugal, como não havia, uma sólida civilização urbana ajustada ao mundo contemporâneo, que fixasse o seu *modernismo*. Lisboa, a "Túnis barbaresca", dificilmente seria uma grande capital para esse frequentador de Londres e Paris. Situada entre o reservatório campesino e a imitação dos grandes centros europeus, não passaria, para ele, de uma grande Leiria disfarçada, ante a qual se arrepiavam o seu sentimento de harmonia, a sua ânsia de saúde moral e, por que não dizer, o seu esnobismo. O senso de autenticidade existente em todo grande artista levou-o, assim, a procurar, sob os terrenos movediços da aluvião burguesa, a rocha sobre a qual assentava a sua pátria; e foi encontrá-la no campo, já que as expedições ao mundo ignoto eram coisa do passado morto. Se houvesse sentido enquadramento na cidade, teria podido prolongar a linha d'*Os Maias*, estabelecer uma psicologia urbana que não fosse a do Raposão, aprofundar a análise duma coletividade densa, rica de intercâmbios de toda espécie. Mas, assim como a Parma reacionária e devota acabou comprometendo a generosidade de Fabrício ("Os interesses tão complicados dessa cortezinha maldosa me tornaram maldoso"), a ambígua civilização portuguesa, incapaz de libertar-se do peso do passado e de forjar com estilos tradicionais uma síntese moderna de vida, criou para Eça de Queirós um impasse literário que ele resolveu pelo abandono da *linha* urbana.

A essas razões de natureza sociológica, vêm juntar-se outras, porventura mais importantes, da própria vida do romancista — que de certo modo foi uma capitulação discreta, mas progressiva, em face do que antes combatera. Como Maomé II, todo homem encontra pela vida uma circassiana apaixonante que é preciso apunhalar, caso queira ter a mente desimpedida para seguir no caminho traçado. Eça não quis, ou não pôde apunhalar a sua. O casamento nobre, a glória literária, o prestígio social, as injunções da carreira, o favor da Coroa foram tecendo uma rede sutil de compromissos com a sociedade existente, e nessa rede foi se embalando aos poucos o antigo socialista, num conformismo suave com o mundo e os seus pecados.

Viana Moog associa *O mandarim* ao caso dos *coolies* chineses, sobre cujo destino Eça não quis traficar, quando era cônsul em Havana, negando-se a vibrar a campainha que lhe traria, se não os milhões, alguma pecúnia de Ti-Chin-Fu. Prefiro tomá-lo como símbolo inverso, embora cronologicamente inviável. Eça repenicou de algum modo a campainha (como outros da sua geração), ao trocar a oposição do socialista e o sarcasmo do romancista da cidade pelo namoro com o Trono e o bucolismo tradicionalista dos últimos romances. Não abandonou as ideias nem adotou outras contrárias — aí estão muitas crônicas da última fase para prová-lo. Mas disciplinou as atitudes, acomodando-as dentro de normas compatíveis com um simpatizante do rei dom Carlos e da rainha dona Amélia. O grupo dos "Vencidos da Vida" simboliza e encarna essa capitulação algo melancólica, essa mistura de intelectuais oposicionistas e revolucionários com os representantes mais autorizados da Monarquia; com aquelas "impurezas palacianas" de que fala Fidelino de Figueiredo. Ora, um amigo do Paço, que escrevia artigos louvando o rei e a rainha, devia forçosamente retificar a sua linha para a direita (como se diria no jargão de hoje), abandonar o pessimismo antiportuguês e antimonárquico, deixar de encarar a pátria como "choldra" e acreditar na excelência, se não do presente, ao menos da tradição e das possibilidades lusitanas. O ângulo urbano de visão, caracterizado acima, implicava repúdio disso tudo e descrença num mundo agrário obsoleto; implicava crítica, sátira, oposição desabrida a clero, nobreza e burguesia, com apoio às novas camadas suscitadas pela indústria e a vida moderna. O ponto de vista rural dos aristocratas, que acabou por sobrepujá-lo, comportava um certo enlevo para com a doce modorra das gentes e das aldeias, um senso poético que aceita e compreende, afastando a revolta, acolhendo a realidade tal qual se apresenta (compreender é perdoar...). Pela vida que levou, Eça de Queirós foi cada vez mais se afastando do que poderia fixá-lo no romance urbano, crítico, oposicionista; perdeu contato com os amigos boêmios, com os meios socialistas (bem pouco eficazes, aliás, num pequeno país atrasado), ao mesmo tempo em que a própria idade o ia tornando mais acomodado e compreensivo. O quarto de Jaime Batalha Reis foi trocado pelas salas da quinta de Santo Ovídio ou do palácio em São Domingos; as longas passeatas malucas, de madrugada, pelas quermesses da rainha dona Amélia.

Os grupos de que foi se aproximando eram justamente os mais ligados, por força das circunstâncias, ao velho Portugal senhorial, de raízes agrárias. Além da família da mulher (descendente do nosso atroz vice-rei, conde de Resende), os fidalgos que participavam dos "Vencidos da Vida", e com os quais se correspondeu intensamente no fim da carreira, pertenciam à classe dos grandes proprietários de terras, donos de solares, descendentes de guerreiros e administradores do Império português, detentores de altos cargos na Corte.[2] Eça não resistiu a um meio cujas solicitações se dirigiam, aliás, ao muito que havia nele de velho português, à sua tendência para o esnobismo, sobrepujando a camada socialista, adquirida e não herdada. A dialética insidiosa do atavismo levou-o, pouco a

---

[2] Nesse grupo de cerca de uma dúzia de membros, havia dois marqueses, dois condes, um filho de conde, entre os quais estavam o grã-mestre de cerimônias da Corte, o secretário do rei, dignitários.

pouco, a se acomodar numa visão mais puramente literária do romance, a "fazer estilo" demasiado ostensivamente, pondo de lado o sentido pragmático, de luta, dos primeiros livros. Atavismo não tanto biopsíquico quanto, principalmente, social; atavismo de classe, que despertou exigências psicológicas, adormecidas pelo fermento revolucionário da mocidade, para com elas compor o processo de conformismo que assinalei. E escreveu as vidas dos santos, e levou o requintado Jacinto ao repouso idílico da serra de Tormes, abandonando a negação em proveito da compreensão, envolvendo-se cada vez mais naquele diáfano manto da fantasia, com que pretendeu velar a nudez agressiva da verdade. Contente? Quem sabe apenas resignado...

7

Embora os dados sociológicos e psicológicos nos ajudem a destrinçar as raízes e o sentido da obra, apenas a interpretação literária permite construir um juízo mais ou menos válido, porque só graças a critérios especificamente literários, ainda que nutridos de fundamentação não literária, poderíamos chegar a um julgamento de valor. O que atrás ficou dito, sendo uma contribuição parcial para o estudo da obra de Eça de Queirós, exprime ou procura exprimir sobretudo um julgamento de realidade. Se quisermos, baseados neste, estabelecer um juízo de valor, digamos que o apogeu do seu romance coincide com o equilíbrio mais perfeito que obteve entre a visão *urbana* (dominante nos primeiros livros) e a visão *rural* (dominante nos últimos) sem predomínio de uma sobre outra. É o que ocorre n'*Os Maias*, sua obra-prima, e obra-prima do romance naturalista universal.

Não se queira atribuir a este ensaio um critério estreitamente político, segundo o qual o autor acusasse a obra de Eça de Queirós pelo abandono da linha *oposicionista* ou, ao contrário, louvasse-a pela adoção da linha *compreensiva*. Em crítica, os julgamentos de natureza política são dos mais arriscados, porque relegam o fenômeno literário para uma esfera inferior, confundindo os planos e nos expondo aos piores equívocos. Daí o perigo das interpretações de certa crítica portuguesa reacionária, que se apoderou ultimamente do *recuo* de Eça para explorá-lo com alvoroçada má-fé. Se a sociedade e a cultura portuguesa da segunda metade do século XIX não ofereciam ao artista um panorama rico de significado, provavelmente não comportariam um romance urbano de costumes, harmonioso e forte. Neste caso, o ruralismo desse grande escritor, tão sensível à dimensão social, significaria pesquisa de alicerce mais consistente para o seu desejo de verdade e harmonia, sendo uma opção de ordem estética, não política. N'*O conde de Abranhos* há um trecho irônico sobre a oposição entre o campo e a cidade, em termos de progresso e rotina:

> As cidades modernas, as suas ruas mal arejadas, os seus quintos andares abafados, o seu rumor trovejante de fábricas e de veículos, a luz crua do gás, a alimentação insalubre, formam estas gerações pálidas, nervosas, agitadas por um desejo histérico de novidade, de artifício, de desordem e de violência. É esta a origem do espírito revolucionário. O homem que, pelo contrário, habita os campos, que respira o ar dos largos prados, repousa a vista na vasta linha do horizonte, na serenidade silenciosa das aldeias, ganha, num corpo forte, um espírito calmo: odeia a agitação; está naturalmente preparado para respeitar a Autoridade, os princípios sólidos, a Ordem, toda a ordenação harmoniosa e bela do Estado.

Ora, o presente estudo não deve fazer crer que a obra de Eça caiba em semelhante descrição. Com efeito, ao mesmo tempo que acomodava na fantasia e no ruralismo a sua visão literária, ele escrevia alguns dos seus artigos mais avançados politicamente: ao lado de uma crônica *vencidista* sobre a rainha ou o rei, um julgamento lúcido e destemido sobre o socialismo, ou uma crítica incisiva, mordaz, sobre a burguesia capitalista e o imperialismo econômico. "O espírito de contradição é o próprio nervo da vida", observou Keyserling. Sim, porque onde ele desaparece cessa a dinâmica do espírito para restar a placidez do fim ou a estagnação da mediocridade. Em Eça nunca se fez estagnação, as dúvidas nunca cessaram de trabalhar, ao contrário do que pretende a crítica simplista ou interessada. Por isso é que pôde disciplinar o seu dinamismo, orientando-o na direção mais literária da simpatia, em lugar da inclinação mais política ou simplesmente pragmática da oposição social. Saibamos apreciar esteticamente uma acomodação que pode ferir o nosso gosto político, mas graças à qual pôde realizar *A ilustre casa de Ramires*. Realização, em literatura, quer dizer complexidade dirigida pelo senso artístico, revelando, portanto, a presença de elementos contraditórios, que a intuição formal e a concepção do mundo unificam na síntese superior da obra. Unificam, mas não extinguem. As conjecturas de ordem política trazem algum auxílio ao estudo do problema, mas não devem erigir-se em critério de julgamento. Na literatura — que nos interessa aqui —, é avançado o que é perfeito, traduzindo uma compenetração adequada do espírito criador com a sua matéria plástica, para perfazer a obra. É limitado e retrógrado o que significa divórcio, defasagem entre um e outro, simples exploração de temas ou servidão a imperativos estranhos ao impulso criador. Coincidindo com algumas das tendências pessoais e sugestões sociais mais arraigadas em Eça de Queirós, a visão *compreensiva* lhe permitiu, tanto quanto a oposicionista, a realização desse ideal de arte. O resto não é literatura.

Catástrofe e sobrevivência

Para a catástrofe, em busca
Da sobrevivência, nascemos.

Murilo Mendes

I

Joseph Conrad custou a ganhar popularidade. Quando ela veio, foi graças ao caráter exótico da sua obra inicial, ao sopro de peripécia e poesia marítima, que reintroduziu em obras da última fase. Mas, embora marinheiro, não se sentia "escritor do mar", nem queria ser considerado autor de livros de aventuras — pois a sua preocupação foi sempre, e cada vez mais, apresentar uma visão dramática do homem, independente das circunstâncias de lugar. "Lá, como aqui, o quadro da vida é traçado com a mesma elaboração do pormenor, colorido com as mesmas tintas" ("Prefácio" de *Almayer's Folly*).

A crítica moderna, consciente desse caráter muito mais importante, adotou e desenvolveu o seu ponto de vista, atenuando quanto possível o significado do elemento exótico. Era preciso a todo custo salvá-lo da perigosa companhia dos Karl May.

No entanto, a aventura e o pitoresco são elementos fundamentais da sua arte, ao mesmo título que a preocupação ética, o sentimento dramático e o estilo pomposo. O mar, as paragens remotas, o engaste do episódio no exotismo constituem um dos enquadramentos da sua filosofia. Nem poderia ser de outro modo, num escritor que professava o respeito pela própria experiência como fonte da imaginação, e que logrou destarte comunicar ao leitor com força inigualável o encantamento da paisagem estranha, os eflúvios do mar e da natureza tropical, o mistério dos elementos, para quem os pretenda decifrar.

Se tomarmos o caso da descrição da paisagem, veremos que ela desempenha na sua obra, além da função normal de ambiente, um papel decisivo na caracterização psicológica e na própria composição. Isto já nos livros iniciais, menosprezados pela crítica, mostrando que desde o começo ele dominava alguns dos seus recursos mais típicos de fatura e de concepção da vida. A "Parte IV" de *An Outcast of the Islands* poderia servir de exemplo, com a elaboração impressionista da longa noite decisiva, a sombra e a chama na casa do esperto Babalatchi, o amanhecer, o céu nublado durante a discussão, a chuva ensopando a terra, lustrando as folhas — e Willems abandonado, arrasado, porfiando simbolicamente contra a lama no declive do pátio.

Esse tratamento descritivo não resulta em objetivismo pormenorizado, mas numa espécie de grande sugestão, envolvendo as coisas e as pessoas. No mesmo livro, a cena do soco de Lingard (decomposto numa câmara lenta de impressões que em si são desconexas, e que o significado geral do ato recompõe no espírito do leitor) mostra que os gestos se tornam significativos pela criação de uma atmosfera própria do momento em que ocorrem, na qual a sua mecânica se altera, e que os faz parecer muito mais poderosos, graças a um jogo complexo de lentes de aumento. É o avesso da reportagem, sendo a sugestão em toda a sua força. Poder-se-ia dizer à maneira do seu mais caro personagem porta-voz, Marlow, que

> para ele o sentido de um episódio não estava dentro, como a semente, mas fora, envolvendo o relato que apenas o suscitava, como um brilho suscita uma névoa, à semelhança de um desses nimbos fumarentos tornados visíveis pela iluminação espectral da lua. ("Heart of Darkness")

Há sem dúvida em tudo isso certa complacência de composição: abuso de imagens ornamentais, excesso analítico, busca às vezes indiscreta do trecho antológico. Mas uma boa porção da arte de Conrad repousa nesse esforço estilístico, do qual parte a sua capacidade de elaborar metáforas reveladoras. Estas apresentam por vezes certa candura de alegoria fácil, como o castelo de cartas que Lingard vai construindo para a menina, enquanto expõe a Almayer a sua quimera do tesouro (*An Outcast of the Islands*). Mas correspondem a um universo artístico e humano que comportava, entre outras coisas, a crença tenaz no adjetivo e na descrição opulenta, assim como na existência de princípios elementares de honra. Uma nobre pertinácia no estilo e na moral, visando à unidade, à inteireza, à capacidade de optar convictamente. Optar por um determinado ponto de vista, em meio às coisas que se dissolvem na fugacidade da impressão; optar por uma posição moral, em relação ao caráter que se dissolve nos meandros da conduta.

2

Todavia, analisando a si próprio e aos homens, Conrad sentiu os limites dessa inteireza a que aspirava e que se esfuma a cada passo numa "linha de sombra". Nas suas obras mais significativas atuam certos fatores (entre os quais o exotismo e a aventura) que desvendam componentes sutis e dilacerantes, criando o meio propício à formação e eclosão dalguns dos seus temas mais reveladores: o *isolamento*, a *ocasião*, o *homem surpreendido*, dispostos à volta da preocupação fundamental com o ato, em que para ele se espelha realmente o homem.

O isolamento, não apenas físico, mas moral — a

solidão do boi no campo,
... solidão do homem na rua,

de que fala o poeta —, impregna a sua obra e é admiravelmente expresso pela circunstância em que se desenvolvem as narrativas do mar e do trópico, utilizadas para estabelecer quase um mito do homem cercado, acuado. Sob este aspecto, há nele um *sentimento da ilha* que funciona com valor metafórico e alegórico. Além da ilha verdadeira (a de *Victory*, por exemplo), há o navio, espécie de ilha flutuante (*The Nigger of the "Narcissus"*, "Typhoon", "Youth, The Shadow Line", "The End of the Tether", "The Secret Sharer"); e há os postos tropicais de beira-rio, ilhados do mundo (*Almayer's Folly*, *An Outcast of the Islands*, "Heart of Darkness", "An Outpost of Progress").

Daí resulta o sentimento de bloqueio numa situação, cujos limites traçam superfícies exíguas, forçando o homem a defrontar de maneira crítica o semelhante ou ele próprio. Sob este aspecto, o trecho mais eloquente e por assim dizer simbólico talvez esteja em *Nostromo* — a descrição da barca na qual Decoud transporta o tesouro de prata (para uma *ilha*, onde se jogará o seu destino), e que mergulha na escuridão mais compacta e opressiva jamais obtida em literatura; escuridão absoluta, que segrega o homem na opacidade do mundo.

Na sua obra, entretanto, a metáfora do ilhamento não se fecha; é um preâmbulo ao problema decisivo, o ato, cujo mecanismo ela desencadeia, como se pode constatar exemplarmente em *Victory* — talvez a sua obra-prima.

O sueco Heyst conclui que a ação é algo diabólico, responsável pelo mal na sociedade. Agir lesa essencialmente. A mim, porque o ato, sempre imperfeito, compromete a cada passo a minha mais pura substância, a minha virtualidade ideal, que não pode se manifestar no veículo impuro; a outrem, porque o meu ato importa em limitar, logo mutilar, as suas possíveis ações. Em consequência resolve abster-se de qualquer atividade e, praticando estritamente a teoria, retira-se para uma pequena ilha do Pacífico — símbolo da sua misantropia —, onde é o único branco. Mas a ilusória solidão abre caminho aos embates comuns da vida, resultantes do amor, da cobiça, do ódio. Heyst recolhe uma jovem desamparada; um intrigante encaminha para o seu refúgio a ambição de três celerados, que o forçam a lutar dentro do pequeno mundo. Daí a ironia da situação, pois tendo recusado agir, isola-se; o súbito interesse pela moça o leva a quebrar a linha de conduta e a praticar um ato que, ao trazer alguém para a sua companhia, revoluciona o intuito primordial. Esta consequência poderia, aliás, dar-lhe plenitude, criando a possibilidade do diálogo e encerrando para sempre a necessidade de outro ato. Heyst estaria completo no desdobramento do seu ser por intermédio da mulher, que a necessidade de convívio originou na solitude um pouco à maneira do mito de Eva, e ele próprio é quem diz: "Em mim deve haver muito do primitivo Adão".[1] Aquele ato se revela, porém, início duma série de outros, que o reinstalam nas condições normais da vida, obrigando-o a observar, calcular, lutar ou sucumbir. O mundo foi caçá-lo na ilha, ensinando, como em outros livros de Conrad, que recusar a ação imposta pelo momento é suscitar outras mais lesivas à integridade do ser.

Daí a importância do segundo tema — o da *ocasião*, da oportunidade, que, dizia Sófocles, "dirige as empresas do homem",

---

[1] "A despeito da elaborada cor local, *Victory* é permeada pela alegoria. Heyst e Lena são Adão e Eva no seu paraíso insular, até que a inocente transgressão que ela pratica traga o mal e a morte sob o aspecto do misterioso Mr. Jones, pintado com os traços satânicos tradicionais." Lionel Stevenson, *The English Novel: A Panorama*. Londres: Constable, 1961, pp. 452-453.

O aspecto alegórico da obra de Conrad, sobretudo no sentido bíblico, e o de *Victory* em especial, é a base do livro de Paul L. Wiley, *Conrad's Measure of Man* (Madison: The University of Wiscosin, 1954), onde se lê: "Em *Victory* a alegoria tem significado universal mais amplo do que o simples conflito do bem e do mal no indivíduo, e por esta razão o mito básico da perda do Éden é definido nele mais claramente do que em qualquer outra obra depois de *An Outcast*" (p. 150).

surgindo muitas vezes dos refolhos do acaso, como vem dito de maneira tão bela em "Freya of the Seven Isles":

> Esta possibilidade se apresentara sem nenhum plano, quase naturalmente, se poderia dizer, como se os acontecimentos se houvessem modelado eles mesmos para servirem aos propósitos duma paixão sombria.

A ocasião é a matriz do acontecimento, e este, apesar do seu relativo descrédito na literatura contemporânea, é alicerce do romance, pois constitui uma das manifestações por excelência das situações humanas.

Grande e boa parte da ficção deste século encareceu a duração psicológica, a lei interna do personagem, como reação contra o exagero dos incidentes tomados para solução banal e exterior. Certos romancistas passaram a submeter o acontecimento a elaboração tal, que esta avulta, ganha realidade própria e o relega para segundo plano, às vezes ao modo de um vago pretexto. Já nos precursores do romance contemporâneo, como Dostoiévski, tudo se ordena à volta de lances dramáticos, atos precisos e brutais, que desviam o curso da narrativa e definem os personagens. Entretanto, cada lance é de tal modo envolto numa torrente dialética, esquadrinhado com tanta abundância, que acaba parecendo, não circunstância determinante, mas componente de um processo humano que o reveste e transcende. Quando surge, como estouro de paixões condensadas, nós já o vínhamos pressentindo mais ou menos confusamente — seja a intervenção do velho Karamázov na reunião do *stárietz*; a invasão de Dmitri na estalagem onde Grúchenka se encontra com os poloneses; ou, n'*Os demônios*, a de Lebiádkin no salão de Varvara Pietrovna; ou, n'*O idiota*, a de Rogójin e seu bando no de Nastácia Filíppovna. Em tais romancistas — de que Proust é padrão e Joyce pode ser considerado o caso extremo —, o acontecimento desaparece sob o que o precede, acompanha e sucede.

Na obra de Conrad dá-se algo parecido, mas apenas em parte. Apesar de extraordinariamente purificado e envolvido, o acontecimento é reposto na sua natureza de coisa acontecida, de fato vivo em relação ao qual vão definir-se os atos e que vai se ligar concatenadamente com outros acontecimentos. Não é a lei absoluta da narrativa, como no romance de folhetim, mas é uma das suas traves. Todavia, nunca é fator soberano e independente, torcendo de lá para cá o destino de personagens que inexistiriam sem ele. Há nos personagens uma certa predisposição para determinado tipo de acontecimento, que, ao surgir, é realmente ocasião, quase ensejo que baliza o seu destino. Portanto, o fato e a peripécia existem com realidade própria, autônoma; mas têm sentido enquanto ocasiões para o personagem se definir. Na sua obra confluem com grande equilíbrio o acontecer externo e a visão interior, situando-o a igual distância de Alexandre Dumas e Marcel Proust, permitindo o envolvimento da realidade pela poesia sugestiva.

Isso posto, compreendemos em que medida o destino dos personagens, sem prejuízo da lei interna, é muitas vezes ditado por um elemento exterior, que solicita bruscamente a capacidade de decidir, condenando ou redimindo.

Lord Jim, que se preservou, evitando empenhar-se na ação corriqueira a fim de conservar um estado de virgindade para o ato brilhante, puro, despojado da ganga cotidiana, malogra justamente por desconhecer que a circunstância impura, imperfeita, é o dado que a realidade oferece e que nos compete a cada momento enfrentar. Como disse Unamuno:

Lo más urgente es lo de ahora y de aquí; en el momento que pasa y en el reducido lugar que ocupamos están nuestra eternidad y nuestra infinitud. (*Vida de Don Quijote y Sancho*)

Não há um momento ideal de agir, surgindo com aviso prévio para nosso triunfo, em meio a horas neutras, estáticas e sem responsabilidade; o momento excepcional nasce de cada momento, e todo momento impõe a ação correspondente. Por isso, toda ação que se reserva, de duas uma: ou desconhece o caráter imperioso do instante que passa e reduz o Eu à atonia; ou se precipita surpresa, sem peias, e arrisca destruí-lo. Willems achou que podia sair um instante do caminho certo, imaginando que o cotidiano não compele os homens capazes, conscientes da sua lucidez, e que é sempre possível dar como nulos os embates minúsculos a que ele nos obriga; foi destruído pelo ato irregular e se tornou o "pária das ilhas".

Quando se rejeita a ação (ou por aspirar a uma certa ataraxia, como Heyst; ou por ter, como Lord Jim, a ilusão de esperar o momento glorioso), ela volta por outras veredas, compelindo a atitudes imprevistas que desabrocham ao toque da oportunidade. O agente se desconhece então; surpreende-se com o que fez, não se identificando no ato praticado. Lord Jim não reconhece como legitimamente sua a deserção do posto, nem Willems a transgressão financeira, nem Heyst o rapto de Lena, nem Razumov a delação de Haldin (*Under Western Eyes*). É como se ante a consciência tomada de surpresa brotasse um ignorado Eu sobressalente, que se projeta em senda diversa da que o hábito lhe atribuiu. Em todos esses casos, manifesta-se o terceiro tema escolhido aqui para sondar a arte complexa de Conrad: o do *homem surpreendido* pela ocasião, e que se surpreende do próprio ato, sentindo a formação de uma dualidade no ser.

O homem surpreendido age sem motivo aparente, por uma espécie de descarga brusca e inexplicável, um ato formalmente gratuito, de que decorre porém uma segunda etapa, pois é obrigado a se refazer, caso pretenda readquirir o equilíbrio interior. Lord Jim, que não era covarde, pula bruscamente a amurada, abandona o posto fugindo ao dever e é punido com a expulsão da Marinha Mercante. Em seguida, reconstrói penosamente o respeito de si mesmo numa longa vida de perigo, luta, dedicação. Heyst resolve de chofre sequestrar Lena — depois age com método e vagar, elaborando o plano para enfrentar os bandidos. Razumov denuncia Haldin num rompante; mais tarde, consagra a vida a reabilitar-se junto à mãe e à irmã do morto.

Todavia, se analisarmos de perto, veremos que em Conrad as ações bruscas só são ato puro, gratuito, pelo fato de se desencadearem; em verdade, atrás delas há um lento passado que as explica e quase requer. Já vimos que em *Lord Jim* é o problema da reserva, a supervalorização do Eu, que leva a evitar compromisso e a viver na paralisia do condicional; quando a oportunidade se apresenta, inflexível, acarreta o pânico. No caso de Heyst, a reserva absoluta levara quase à perda da própria consciência, resultando uma autonegação que solicita o ato compensatório de reequilíbrio. Ele "padecia da ideia de malogro dum modo sutil, desconhecido aos homens acostumados a lidar com as realidades da existência comum. Era como a dor corrosiva de uma apostasia inútil".

E assim chegamos ao termo do processo: a abstenção corrói, em definitivo, mais do que o contato imperfeito com o semelhante. O homem se isola, recusa-se a agir; mas o isolamento acarreta atos mais decisivos do que qualquer outra situação; a ocasião desencadeia o comportamento evitado, ou não previsto, e o homem se surpreende da própria imagem, nele revelada. Boa, como em "Youth" ou "The Shadow Line"; má, como em *An Outcast of the Islands* ou *Lord Jim*. Mesmo quando aparentemente gratuito, porém, o ato se constrói numa germinação profunda, que explode em seguida com o pretexto ocasional da circunstância. Por isso, a situação exótica, o remoto, o diferente, bem como a aventura, a peripécia, constituem elementos fundamentais da arte de Conrad. Eles permitem a configuração favorável do ilhamento, da ocasião e do homem surpreendido, que explicam uma das linhas mestras da sua concepção de vida.

3

A fim de compreender a posição desses temas no conjunto da sua obra, é preciso uma referência, mesmo breve, a esta concepção, ou seja, à sua visão do homem e da convivência em sociedade.

Para ele o homem surpreendido é um ser em crise, submetido a uma prova decisiva de individualidade. A crise decorre em geral do conflito com o grupo, ou os padrões: quem tem alicerce, supera e se reconstrói; quem não tem, se dissolve nas coisas, ou, o que para ele era o mesmo, na banalidade do conformismo social. Porque, para esse homem tão respeitador de valores, a adesão a eles só era válida quando representasse uma espécie de aceitação consciente, uma escolha em profundidade. O mero acatamento equivalia à sua ausência.

Em algumas das suas narrativas o trópico é o mal, fascinante, capitoso e, ao mesmo tempo, uma espécie de prova, porque ameaça a integridade do homem de bem — o gentleman, tipo humano que a sua condição de desenraizado levou a superestimar e que teria tido a função de encarnar, para a sua consciência dividida, perplexa num universo de valores abalados, uma espécie de rochedo tranquilizador.

Na primeira fase da sua obra o sentimento da luta entre o branco e o trópico é mais vivo e esquemático, embora ele tenha chegado bem cedo ao símbolo admirável de "Heart of Darkness", para alcançar finalmente a criação de Heyst — em que o pitoresco é apenas pretexto para os dramas da alma.

Em "An Outpost of Progress" nota-se aquela posição inicial, refletida na personalidade de dois medíocres, cuja resistência se quebra com relativa facilidade e cuja mediocridade é expressa pela integração passiva nos padrões sociais de origem. Diz o romancista que o grupo sustém o indivíduo de tal modo que a sua incapacidade não aparece, nem ele cria problemas graves enquanto vive em rebanho. Mas em face das condições primitivas impostas pelos países exóticos, o civilizado se encontra entregue a si mesmo, e se não possuir forças interiores suficientes desmorona, pela ausência do amparo grupal. O social, o que nivela, aparece como algo desprezível, que torna possível a sobrevivência do inepto e que o homem verdadeiro não aceita. Os personagens de "An Outpost of Progress" fazem do título uma calamitosa ironia:

> Eram dois indivíduos perfeitamente insignificantes e incapazes, cuja existência é tornada possível apenas graças à alta organização das massas civilizadas. Poucos homens percebem que a sua vida, a própria essência do seu caráter, as suas capacidades e audácias, não passam de expressões da crença na segurança do ambiente.

Esta novela exprime uma constante da sua obra, seja pelas convicções manifestadas, seja pelo drama do branco desorganizado por incapacidade de enfrentar as condições da vida colonial. Ela confirma a ideia de que para ele os valores humanos, que a sociedade procura incutir, podem significar tanto automatismo, quanto grandeza moral, conforme sejam adesão em profundidade, levando ao sacrifício e ao heroísmo, ou não passem de conformismo em relação à média das virtudes. E isso redime em parte a sua admiração pelo gentleman britânico — que às vezes parece um pouco tola.

Poderíamos agora ir adiante e dizer que a sua humanidade preferencial se organiza em torno de dois tipos ideais, que o fascinavam sucessiva ou simultaneamente, formando os polos, ou as duas metades da sua psicologia: o homem de sentimentos nobres, de conduta nobremente reta e inteiriça, cujos atos decorrem da integridade do seu teor humano e do ajustamento harmonioso aos valores; e o homem misteriosamente assaltado por forças que o dividem, que age, em consequência, por impulsos obscuros, decisões bruscas, devidas a um conjunto de circunstâncias que atuam de modo a extrair dele certos atos e atitudes que o deixam perplexo.

4

Há na sua obra dois contos que encarnam esses polos em grau de máxima pureza: "Prince Roman" e "The Secret Sharer". Aquele, apenas uma narrativa de boa qualidade; este, uma obra-prima, mostrando ainda nisso que a parte melhor do que escreveu é a que se estrutura em torno do segundo polo, que este ensaio está procurando caracterizar.

Sabemos pela sua autobiografia que o Príncipe Romão (Sanguszko) foi um herói da insurreição polonesa, amigo do seu avô e exilado longos anos na Sibéria. No conto, é o paradigma daquele primeiro tipo (que aliás entra na fórmula da maioria dos heróis conradianos que se prezam); e nós percebemos que o romancista *se encontra* na sua retidão. "Um homem que era eminentemente homem, entre todos os homens capazes de sentir com profundidade, acreditar com firmeza e amar ardentemente." Qualidades que lhe pareciam as mais altas e pouco acessíveis ao homem moderno, hiperanalítico, suscitador de antídotos à grandeza, incapaz de aceitar os seres e as coisas sem levantar dúvidas.

> É necessário certa magnitude d'alma para interpretar devidamente o patriotismo; ou antes, uma sinceridade de sentimentos negada aos requintes vulgares do pensamento moderno, que não pode compreender a simplicidade augusta de um sentimento originado na própria natureza das coisas e do homem.

Ele encarava essa *natureza* do homem (que nos parece fruto da história e da convenção) como dado primário, realidade imediatamente manifesta a quem fosse capaz de percebê-la, por estar mental e moralmente aparelhado para tanto. Segundo ele, era o caso do verdadeiro gentleman, nutrido de valores íntegros, pisando um solo firme de convicções e atitudes. Essa vivência dos valores só é negada aos que não são capazes de chegar até eles. Daí o desencanto com o mundo contemporâneo e o apego ao universo da honra e do dever, que simbolizou na Marinha; daí a desconfiança em relação ao fermento de ceticismo e à crueza analítica. "Tudo é vacuidade apenas para os homens vazios, e tudo é burla apenas para os que nunca foram sinceros consigo mesmos."

Mas esta é, como disse, apenas uma parte de Conrad. E seja como for, para nós, homens de um século que se reconhece no estilhaçamento de Joyce e Picasso, no absurdo de Kafka, no contrapelo da música serial — para nós a sua força não vem desta concepção unitária.

Indicando que o problema básico das suas obras mais características é o mal, nota um crítico:

> A natureza desse mal complexo e indefinível pode ser melhor expressa pela afirmação daquilo que se opõe a ele. Numa sentença famosa do prefácio de *A Personal Record*, Conrad escreveu: "Os que me leem conhecem a minha convicção de que o mundo, o mundo temporal, se mantém sobre algumas ideias muito simples, entre as quais a da Fidelidade". Douglas Hewitt mostrou em seu livro *Conrad: A Reassessment* que como chave para a obra de Conrad estas palavras não devem ser tomadas pela aparência. A fidelidade é a barreira que o homem erige contra o nada, contra a corrupção, contra o mal que o cerca, insidioso, esperando para devorá-lo, e que num certo sentido jaz insuspeitado dentro dele próprio. Mas o que acontece quando as

barreiras caem, quando o mal exterior confraterniza com o mal interior e a fidelidade é submergida? Mais do que a fidelidade, este é o tema de Conrad.[2]

Por outras palavras é o que se está procurando dizer. Daí o fato do seu homem mais interessante ser o do segundo tipo mencionado, que se surpreende a si mesmo, inclusive pela negação de valores aparentemente ancorados na sua concepção de vida.

Em "The Secret Sharer" ele aparece claramente proposto e de certo modo simbolizado. O jovem capitão-narrador, que vive a experiência do primeiro comando num navio desconfiado e hostil, é acuado por excelência na ilha móvel. A sua arma é a rotina do dever, que aprendeu talvez exteriormente e não incorporou às vivências profundas. Eis que surge a ocasião, fruto de circunstâncias fortuitamente conjugadas: a sua decisão de assumir o quarto de vigia da madrugada, a escada que ficou inexplicavelmente pensa da amurada, o nadador que por ela sobe. É um assassino, Leggatt, foragido do *Séfora*, fundeado perto. Contra o código de honra e o dever profissional, ele o esconde durante dias no beliche exíguo, arriscando a cada instante a carreira e a própria integridade. Algo profundo e inexplicável o prende a esse companheiro, esse parceiro noturno e fora da lei, cuja alma compreende e de cuja ação se sente misteriosamente solidário.

Este conto "fornece o caso psicológico perfeito, o Eu oculto 'exatamente igual' ao outro, mas culpado, e por isso necessariamente escondido aos olhos do mundo, vestido com roupa de dormir, traje adequado à vida inconsciente,

---

[2] Walter Allen, *The English Novel*. Londres: Penguin, 1958, p. 304.

surgindo da infinitude do mar e nele desaparecendo".[3] Há nele "uma singular utilização artística do homem dividido, da fissura moderna da personalidade, prevista no século passado por Hoffmann, Poe, Stevenson e Dostoiévski".[4] Efetivamente, ele dá corpo a uma tendência latente no melhor da obra de Conrad, ligando-a a uma das linhas mais características do romance contemporâneo — a que, mesmo sem materializar-se no desdobramento, vem do "romance negro", das novelas grotescas de Gogol, d'*O duplo*, de Dostoiévski, enriquecendo-se até as franjas do Surrealismo, de onde Julien Gracq tirou *Le Rivage des Syrtes*, obra-prima sobre o indivíduo ilhado, surpreendido pela ocasião.

Segundo essa tendência, o homem é eminentemente um ser que se desconhece, que semelha às vezes a uma colônia de seres dominados pela síntese convencional que a educação elaborou com base nos preceitos, mas que podem escapar em sortidas imprevistas, nas quais o Eu se sente Outro. Disse Pirandello, em *Ciascuno a suo modo*, que "há pensamentos ilegítimos, como há filhos bastardos", e que "fora do honesto teto conjugal da consciência" nos permitimos relações ilícitas e numerosas com ideias e veleidades, rejeitadas afobadamente para o porão do espírito. O caso do personagem de Conrad é de quem vê esses hóspedes indesejados subirem ao patamar da sala. Mas (aí entra a sua profunda compreensão do dinamismo da vida psíquica) neste conto tal invasão é aceita, compreendida, e passa a constituir uma base de fortalecimento do ser e de retificação da conduta. Nesse ponto ele se distingue dos analistas que descem ao fundo do espírito e o deixam

---

[3] M. C. Bradbrook, *Joseph Conrad: Poland's English Genius*. Londres: Cambridge University Press, 1941, pp. 36-37.   [4] Vernon Young, "Joseph Conrad: Outline for a Reconsideration", *Hudson Review*, Nova York, v. 2, n. 1, p. 6, primavera 1949.

perplexo, paralisado, desviado pelo peso das verificações perigosas. Lembra M. D. Zabel que para ele a melhor solução da crise psicológica é a integração mais harmoniosa do indivíduo nos valores sociais; e assim os seus livros se transformam de pesquisas pessoais em estudos sobre a maneira por que as pessoas se defrontam com aqueles valores.

> O homem dividido — o rosto e a sua máscara, a alma e a sua sombra — nunca é, em Conrad, um indivíduo e nada mais. Ele se torna — especialmente em romances de intuitos históricos ou subentendidos parabólicos, como *Nostromo*, *Under Western Eyes* e *Victory* — uma metáfora da sociedade e da humanidade.[5]

"The Secret Sharer" utiliza um método simbólico de projeção, fazendo realmente do foragido o *duplo*, a outra metade do narrador (o "duplicata", diria Mário de Andrade). "Meu duplo", "meu espírito vestido de cinzento", "o outro Eu", "meu segundo Eu", "Eu próprio" — são expressões que lhe aplica, mostrando a clareza com que sente, na presença estranha, a realidade do desdobramento do espírito. Daí uma cumplicidade imediata, tecida de sussurros, manobras de despistamento, fascinado interesse, identificação afetiva. Ele esconde o outro no beliche como se estivesse escondendo a si mesmo; o que permite ao outro dizer que agia como se houvesse esperado a sua vinda. É que o narrador se sentia "quase tão estranho a bordo quanto ele". Ante os veteranos hostis e desconfiados, experimentava uma insegurança que o tirava fora de si, levando-o a se afastar da rotina (que é dos outros, que é os outros) e a se aproximar do imprevisto, da aventura. A essa altura o foragido surge do mar, como se emergisse da sua própria

---

[5] Morton Dauwen Zabel, "Editor's Introduction", em *The Portable Conrad*. Nova York: Viking, 1947, p. 29.

consciência, e ele sente mais solidariedade em relação a ele do que às normas do serviço. O foragido apenas dá realidade à divisão do seu ser, que se sentia "mais dual do que nunca". Percebemos assim de que modo a ocasião, surgida no mistério propício das águas orientais, rondando o homem isolado moralmente ou fisicamente, suscita a revelação surpreendente dos subterrâneos do espírito. Citemos ainda o crítico americano que sentiu tão bem alguns dos problemas aqui versados, e se refere a um "inimigo" latente nos homens conradianos, "o nosso inimigo comum",

> saltando de abrigos ignotos, por vezes de esconderijos preparados pelo destino, mas com maior frequência e gravidade das profundezas imensuráveis da nossa natureza secreta, da nossa ignorância, dos nossos seres inexperientes.[6]

Mas essa presença do ser obscuro em face do ser de relação não termina forçosamente em Conrad (como em Graciliano Ramos termina) por um atomismo ético ou psicológico, por um relativismo que dissolve a integridade pessoal. Para ele, esta se forma, ao contrário, a partir da experiência do Outro, do Duplo que vive em nós. Depois que Leggatt deixou o navio, nadando para o desconhecido, o narrador se sentiu afinal exorcismado, senhor da situação, consciente da sua personalidade total. A aceitação franca da experiência, das suas sugestões por vezes perigosas, lhe permitiu esse encontro decisivo.

> Antes de Leggatt desaparecer afinal, o capitão chegou a conhecer a alma secreta com que vive. Sua vida mudou. Uma nova visão

---

6 Ibid., p. 19.

da humanidade rompeu através do regime mascarado e impessoal dos seus dias.[7]

Assim, para ele, acima do dever e da coerência, sugeridos pela educação e a sociedade (isto é, um dever e uma coerência impostos), há um risco que o homem deve assumir, embora possa desacreditar-se ante os padrões usuais. Risco que é ato de coragem e desafio, mas exprime algo profundo: um desencadear de energias que levam bruscamente o ser e o ato para determinado caminho, cuja validade só poderá ser calculada pelo próprio agente. O narrador resolveu transgredir e acobertar o assassino, fazer dele uma espécie de parceiro escondido, na cumplicidade do vínculo profundo; a razão desse ato só poderá ser estabelecida pela própria consciência, e só a ela, como tribunal, deve contas. Quando atinge esta força íntima, a etapa perigosa está vencida e o homem é homem; o navio, conduzido com afoiteza para perto dos rochedos, a fim de desfazer-se de Leggatt, que se evade, manobra simbolicamente a um nada do esfacelamento, encontra a corrente favorável e recebe nas velas o vento que faltava para livrá-lo do marasmo do golfo de Sião. Ao abandonar o respeito humano, enfrentando as realidades profundas da alma, o narrador se encontra maduro, senhor da situação, transpondo a indecisão inicial que o amesquinhava como intruso aos olhos também simbólicos da tripulação, que são os outros. "Talvez nada mais pudesse afetá-lo, desde que havia sobrevivido ao ataque dos poderes obscuros" (*Lord Jim*).

Ao cabo de tudo, o homem íntegro, mencionado atrás, pode constituir-se ou voltar sub-repticiamente por entre as tensões e riscos do homem dividido. Não como quem fugiu

[7] Ibid., p. 30.

de si mesmo, mas como quem, tendo aceitado as atrações do abismo interior, saiu delas triunfante, pronto para esferas elevadas de humanidade. Neste caso, o homem surpreendido pela própria imagem, que veio assustá-lo ao toque da ocasião, conquista a inteireza, não em relação a um dever mecanicamente aprendido e penosamente mantido (como o do capitão do *Séfora*, pálido e impecável autômato que vem à busca de Leggatt no navio do narrador); mas em face de si, contra o que há de diminutivo nos padrões sociais. Existe portanto em Conrad (como ele afirmou tantas vezes) uma crença em valores permanentes a que se reduz a ética de cada um; mas de que o juiz supremo é o próprio indivíduo em face da consciência, longe do convencionalismo automático, única amarra dos dois pobres belgas que desmoronam em "An Outpost of Progress". Uma livre concepção da responsabilidade se manifesta nesse encontro do homem consigo; e esse encontro é o termo ideal dos atos inexplicáveis, dos bruscos arrebatamentos que chegam a destruir uma vida, mas podem permitir a sua reconstrução em termos de nobreza autêntica. Longe do bom rapaz que trilha virtuosamente as vias do dever, o homem de Conrad deve fazer experiências duvidosas a fim de provar a sua fibra, terminando como for possível. Derrotado, como Willems; morto no êxtase dum triunfo todo interior, como Heyst; literalmente desumanizado, como Kurtz, na solitude do coração das trevas; finalmente íntegro à hora da morte, como Jim; senhor de si, como o narrador de "The Secret Sharer". "Quem não conhece as regiões do mal não compreende grande coisa deste mundo; o estoico talvez as ignore, mas o santo bem as conhece" — disse Jacques Maritain respondendo à carta de conversão de Jean Cocteau. O mal, talvez; com certeza os abismos do mundo e do espírito, sondados pelos personagens mais significativos de Conrad como iniciação à humanidade verdadeira.

5

Os romancistas da complexidade deixam frequentemente a impressão de que ela é um caso, um fato excepcional e curioso. Inclusive para o seu grande patrono, Dostoiévski, a pluralidade contraditória da alma aparece as mais das vezes associada a uma certa teratologia moral, ou ao menos um certo desequilíbrio da personalidade. Em Conrad não ocorre esse naturalismo infuso. A força e a novidade da sua obra residem na circunstância de que a referida divisão ou pluralidade aparece como norma, não desvio. Em muitos dos seus romances e contos é a própria natureza do homem que vem apresentada, implícita ou explicitamente, como um polipeiro de seres virtuais, que se revelam ou não, dependendo da circunstância.

Sob este aspecto é muito significativo *Lord Jim*, no qual tais problemas aparecem ligados ao jogo dos três elementos aqui apontados: o ilhamento, a ocasião, o homem surpreendido. Sobretudo em virtude da técnica narrativa, que transporta para a fatura a visão do homem fragmentário, à busca de unidade, de tal modo que o que até agora foi analisado como *conteúdo* aparece confirmado no nível da *forma*. E só então podemos ver que a eficácia da arte de Conrad não é devida à simples proposição de uma atitude de vida; mas ao fato de traduzi-la conforme uma certa maneira de narrar, que se torna parte indissolúvel do que o romancista quer dizer, pois é afinal de contas o que diz efetivamente. Em *Victory* nós encontramos de maneira talvez ainda mais pura o jogo dos três fatores; mas não encontramos a técnica do estilhaçamento. Em *Chance* ela aparece mais refinada do que em *Lord Jim*; mas não ocorre a constelação propícia dos fatores.

O livro conta a história de um oficial da Marinha Mercante que abandona o posto em momento de perigo. Julgado, perde o certificado, leva uma vida precária, fugindo sempre que identificado, até recolher-se a Patusan, lugar perdido no interior da Malásia. Lá, onde se ignora o seu passado, torna-se uma espécie de árbitro forte e bom, visto pelos nativos de um ângulo que o redime. Um grupo de aventureiros europeus assalta a povoação; Jim (que se mostra estranhamente fascinado e intimidado pelo seu chefe, Brown), depois de neutralizá-los, concorda em os deixar partir livres. No caminho eles assassinam o filho do chefe indígena a quem se aliara como conselheiro e amigo. Expiando esta culpa final, deixa-se matar pelo velho.

O cerne do problema de Jim (que se debaterá aqui apenas em função da primeira parte do livro, antes da ida para Patusan) já foi apontado nas páginas anteriores. É o do homem normalmente digno, sequioso de aventuras brilhantes, à espera do momento ideal para dar a sua medida; e que no entanto falha quando é posto realmente à prova, sem saber exatamente por quê.

Ele era imediato de um velho vapor enferrujado, o *Patna*, comandado por um patife alemão com mais três brancos maquinistas e tripulação nativa, que conduz oitocentos peregrinos para Meca. Certa noite ouve-se um baque surdo. Investigando o que houvera, Jim verifica por um portaló que a chapa de ferro, fraca, roída de oxidação, havia cedido a algum impacto e a água entrava. Os peregrinos dormiam, espalhados pelos tombadilhos; os botes de salvamento eram insuficientes; o tempo de afundamento provavelmente tão rápido que seria impossível baixá-los. Vendo a situação, o comandante e os maquinistas tratam de safar-se escondidos de Jim. Mas como a roldana do bote não funciona, ele acaba por chegar e presenciar os esforços grotescos que fazem para descê-lo, sem nisto tomar parte, sem intenção definida, recusando auxiliar os outros, paralisado pela perplexidade da situação. Um dos homens morre de emoção; os outros, que já haviam conseguido arriar o barco, não percebem e o chamam repetidamente. Mas é Jim quem, numa decisão brusca, salta a amurada e vai cair nele; o bote se afasta e todos têm a impressão de que a nave afundara dali a momentos, pois além da chuva e da névoa, o adernamento ocultava a luz de vigia aos fugitivos. No dia seguinte são recolhidos por um navio e Jim, passado certo tempo, fica sabendo que o *Patna* não afundara, mas fora rebocado a salvo por um cruzador francês. É a vergonha, o crime profissional, o julgamento, a carreira acabada, a pátria interdita pelo pudor de encontrar os parentes e amigos.

Sendo o único homem de bem entre os brancos do *Patna*, o rapaz estava moralmente isolado a bordo pela impossibilidade de estabelecer contato com os outros, além de fisicamente isolado na imensidão do oceano Índico — "quieto, sem um tremor, sem um deslizar, sem uma ruga — viscoso, estagnado, morto". Quando surge a ocasião inesperada, ela não vem como conjuntura adequada ao heroísmo brilhante, não traz nenhuma das características que cercam os feitos, nas narrativas exemplares dos livros de belas ações. É apenas o momento, como qualquer outro, que ele não previa (como não se preveem os momentos obscuros), mas que é decisivo, que impõe uma opção de vida ou morte. E aí, ante essa emergência que não era a ideal para que se tinha preparado longa e confiadamente, um Jim inesperado, que o surpreenderá e atormentará durante o resto da vida, reponta e age como os patifes que escapavam do dever, abandonando ao seu destino o navio, os comandados, os oitocentos peregrinos maometanos.

Por quê? — indaga Jim e nós com ele. Esta pergunta sem resposta toma quase a metade do romance e se processa segundo uma combinação muito complexa de pontos de vista, ou focos narrativos, envolvendo cenas, diálogos, descrições, subordinadas a uma extraordinária técnica de câmara lenta e desfechos bruscos, que precede de catorze anos as análises de Proust e que talvez se tenha desenvolvido, ao menos em parte, sob a influência dos longos debates explicativos de Dostoiévski.[8]

Do ponto de vista formal, o problema é o da correspondência entre uma visão do homem e os meios técnicos adequados para exprimi-la. Como transmitir de maneira viva, não no plano menos convincente da exposição pura e simples, a divisão do ser, os abismos, a fragmentação que transforma cada um de nós numa precária unidade, sempre prestes a romper-se? Conrad rejeitou a introspecção, que funcionaria no caso como uma espécie de panaceia elástica. Se recorresse a ela, de duas uma: ou Jim seria capaz de se explicar, e nesse caso não haveria problema, transformando-se o romance numa confissão clarividente; ou não seria capaz de se interpretar, e neste caso apenas reafirmaria incessantemente o problema. O romancista pôs resolutamente de lado, portanto, o ângulo subjetivo (que nunca foi do seu agrado) e optou por ângulos objetivos, isto é, que focalizam o sujeito de fora para dentro, mesmo quando se identificam idealmente à sua personalidade. Graças

---

[8] É a segunda vez que aludo à influência deste sobre Conrad, que a negava tenazmente e considerava Dostoiévski um paradigma do que havia de repelente na "alma russa" para ele, polonês, filho de uma vítima do tsarismo. No entanto ela é evidente, e muitos críticos a reconhecem. É o caso de Joseph Warren Beach, em cujo excelente *The Twentieth Century Novel* (Nova York: Appleton Century Crofts, 1932), cap. XXIX, "Impressionism: Conrad", p. 340, lemos: "Talvez lhe desgostasse o molde especificamente religioso do misticismo de Dostoiévski. Todavia, não é possível que ele tenha sido afetado inconscientemente pelo desejo muito natural de desmerecer um artista pelo qual foi influenciado de maneira tão grande e tão despercebida?". Retomando algumas afirmações de Beach e desenvolvendo o tema sobretudo no campo ideológico, Irving Howe dá ao problema um tratamento decisivo em *Politics and the Novel* (Nova York: Horizon, 1957), cap. IV: "Conrad: Order and Anarchy". A influência é também reconhecida por Albert Guérard, talvez o seu melhor crítico no momento: *Conrad the Novelist*. Cambridge: Harvard University Press, 1958, passim.

a eles pôde, em compensação, reinstalar um máximo de subjetividade, ao desvendar Jim largamente, mas não de maneira direta. O ângulo é objetivo e indireto: o protagonista fala a Marlow, que conta aos amigos o que ele falou, e o que os outros falaram dele. Isso deixa sempre a possibilidade de que o narrado seja em parte uma visão pessoal de Marlow, não a manifestação pura de Jim. E toda essa parte do livro é um mundo de aspas dentro de outras aspas, depois do início em que fala o narrador onisciente.[9]

Se encararmos a ordem da narrativa, veremos como essa técnica se apoia num jogo temporal bastante complexo, do qual se poderá ter uma ideia clara pela representação alfabética de J. W. Beach. Imaginando a sequência normal de um relato como uma série de etapas que se ordenam segundo as letras do alfabeto, de A a Z, a sequência de *Lord Jim* é a seguinte (cada vírgula marca um capítulo):

KLMP, WA, E, B, E, E, H, GD, HJ, FE, E, E, F, F, F, FK, I, I, R, I, KL, MN, N, Q, QPO, OP, P, QP, P, P, P, Q, P, Q, Q Q, R, ZV, YX, S, S, S, TY, U, U, U, WXY.[10]

Graças a esse jogo, temos a manifestação tangível de uma realidade interior parcelada, complexa, que aos poucos vamos compreendendo com dificuldade, e que se completa por uma realidade exterior igualmente multíplice, cuja abordagem é feita de maneira intrincada e descontínua.

---

9 Marlow aparece como mediador da narrativa em várias outras obras de Conrad. F. R. Leavis analisa com argúcia alguns dos defeitos imputáveis à sua utilização pelo romancista, mas em geral tende a subestimar a sua função (*The Great Tradition*. Londres: Chatto & Windus, 1948, cap. IV: "Joseph Conrad", pp. 173-226). A defesa é feita de maneira convincente por W. Y. Tindall, que mostra não apenas a função de "distanciamento estético", geralmente aludida, mas a de reforço do realismo ("Apology for Marlow", em Robert C. Rathburn e Martin Steinmann Jr. (Orgs.). *From Jane Austen to Joseph Conrad*. Minneapolis: University of Minnesota Press, 1958, pp. 274-285). 10 J. W. Beach, op. cit., p. 363.

Fiquemos na primeira parte do livro. No começo, fala o narrador onisciente, que entra diretamente na apresentação de Jim, na fase que (saberemos depois por inferência) sucede ao seu julgamento e precede a ida para o sertão de Patusan. Esse Jim, ativo agenciador dos negociantes com navios, tinha a peculiaridade de ir mudando para mais adiante, sempre que vinha à luz uma circunstância que o aborrecia. E com uma alusão sobre o seu retiro na jângal malaia, o narrador remonta à sua origem e formação, relatando um fato que contém em germe toda a tragédia futura: a sua hesitação em acorrer ao bote de salvamento numa emergência, durante o período de aprendizagem naval. Depois vem a ida para o Oriente, um desastre que o deixa hospitalizado por algum tempo, o engajamento como imediato no *Patna*. Descreve então a navegação rumo à Arábia, até a noite do acidente, ocorrido no momento em que ia ser rendido pelo comandante no quarto de vigia da madrugada. Aí ocorre um salto temporal e somos levados à sala do inquérito, onde o vemos responder a alguns pedidos de esclarecimento sobre a ocorrência. Os seus olhos cruzam os de um espectador, o capítulo acaba, o narrador onisciente desaparece e a narrativa passa a ser feita por esse espectador, Marlow. Com a palavra, Marlow narra como viu pela primeira vez o estranho grupo dos homens do *Patna* e alguns episódios que seguiram. Volta ao inquérito, narra a reação violenta de um dos membros da comissão, o comandante Brierly, narra o que o imediato Jones lhe contou sobre a morte deste, volta novamente ao inquérito, narra o encontro com Jim, transmite o longo relato dele, entrecortado de comentários. A essa hora ficamos sabendo como Jim viu o portaló inundado e o que ocorreu até a fuga no bote. A seguir entra o relato, ouvido muito mais tarde e casualmente, de um velho tenente francês que dá os elementos finais do caso (uma das cenas mais admiráveis do livro e de toda a obra de Conrad). Terminou a conversa com o rapaz e Marlow relata como tratou de lhe arranjar um emprego, que o conduz à vida de agenciador, referida nas primeiras linhas do livro. Com isso está encerrado o bloco inicial, abrindo-se a segunda e última fase, com a vida em Patusan, onde vai intervir uma complicação ainda maior de narrativas indiretas, cartas etc.

Como se vê, é um zigue-zague cronológico descontínuo, com episódios interrompidos, embutidos uns nos outros, vistos por diversas mediações narrativas. Um acontecimento iniciado vai se esclarecer muito depois, o fim aparece antes do começo, o foco varia enquanto o tempo se estende em sequência ou aos saltos, as premonições e as antecipações dão ao relato aquele estremecimento de que Conrad é mestre. Se os seres e os fatos são misteriosos, a via para compreendê-los é igualmente complexa e estranha, formada de pedaços achados pelos quatro cantos do mundo — da Índia à Indonésia, da Indonésia à Austrália, da Austrália à Indochina.

O porquê do ato de Jim é estilhaçado numa série de longas conversas, com desvios elucidativos; e a resposta não é dada. Fica sepulta nas entrelinhas, com bastante clareza para percebermos que se trata de uma daquelas invasões da subjetividade oculta, daquelas inesperadas visitas do Outro, que se materializam em "The Secret Sharer". Se o ser é múltiplo e não o podemos apreender, a melhor aproximação narrativa será não apenas atacá-lo por vários lados, mas, ainda, mostrar a sua similitude com outros seres (duas maneiras de testar e pesquisar os fragmentos que podemos conhecer). Por isto, apenas uma parcela dos fatos é vista pelo narrador onisciente, que tem o privilégio de revelar o que Jim sentia, mas que só usa este privilégio para pormenorizar cenas que, afinal, poderiam ser conhecidas e relatadas por qualquer um: a infância, a formação em breve escorço, a noite no *Patna*, o choque, a verificação do acidente, a audiência da comissão de inquérito. Aí, este narrador de onisciência limitada para, voltando apenas um pouco na segunda parte; mas mesmo naquele início não é fixo, e o seu ângulo varia. No *Patna*, semelha um observador ideal que sobrevoa o navio e depois baixa para presenciar o que nele ocorre; na sala de audiência é apenas um espectador mais esclarecido, que entretanto nada entende e apenas presencia. Quando se trata de momentos e sequências decisivas, Marlow assume a palavra, e é do ângulo subjetivo deste que a realidade se desdobra, sem nenhuma garantia de objetividade. Os atos são mostrados e comentados segundo o arbítrio de um testemunho, seja o do próprio Marlow, seja o de Jim através dele. Isto funciona como afastamento da certeza, que reforça singularmente a verossimilhança. Jim não sabe por quê, e tenta saber até encontrar algumas fórmulas, que bem podem ser racionalizações. Marlow, à medida que ouve, faz um esforço de compreensão que também pode ser deformador; e nós recebemos as duas deformações, construindo com elas o nosso conhecimento e o nosso juízo. A realidade aparece como de fato é: uma fonte de conhecimentos possíveis, mas não necessariamente certos, sobre os quais levantamos os edifícios do caráter e da conduta.

Para esclarecer o ato debatido, o romancista desdobra a narrativa em dois planos, sendo que o segundo funciona (como veremos) ao modo de uma réplica, ou reprodução aproximada, que repercute o primeiro. Neste primeiro plano está Jim, que narra minuciosamente, alongando por páginas e páginas os poucos minutos que durou a ação no *Patna* — conforme um tempo que parece deter-se, subdividido em momentos infindáveis. Graças a isso é possível decompor o ato nos instantes que não se medem, que se vivem, e que depois a memória gradua à sua maneira. Assim como na vida de Jim aqueles momentos foram tudo (pois decidiram-na duma vez para sempre), no romance eles se estendem como se tivessem a duração de anos, como se cada parcela infinitesimal, dado o seu significado, se transformasse num espaço formigante de fatos e sentimentos. Por isso é que a narrativa não é contínua. Marlow entremeia comentários, estabelece a ligação de fatos marginais, deixa Jim para trazer o depoimento de outros: o oficial do cruzador francês, que fornece as peças faltantes para completar a sequência dos fatos; o imediato Jones, que conta a tragédia do capitão Brierly.

6

Este Brierly compõe por assim dizer um segundo plano, ou o plano de ressonância da narrativa, e a sua presença é fundamental não apenas para a visão do homem dividido, como para a técnica dividida que lhe corresponde. A sua função é a de um misterioso comprovante de Jim, sendo de certo modo o seu negativo, no sentido fotográfico. A primeira vez que aparece, não sabemos quem seja; do ângulo de Jim, exposto pelo narrador, é apenas um dos peritos que integram com o magistrado a comissão de inquérito sobre o caso do *Patna*. Trata-se por enquanto de um "homem forte, desdenhoso, repoltreado na cadeira, com o braço esquerdo bem estendido, rufando delicadamente as pontas dos dedos num mata-borrão". Mais adiante, surge a narrativa de Marlow com a sua identidade e somos informados de que é o Grande Brierly, comandante do melhor navio da Blue Star Line, belo, forte, sereno, competente, bravo, cheio de honrarias e recompensas, invejado por todos. Através das suas conversas com Marlow, conhecemos o seu avesso e presenciamos a sua inquietude com o interrogatório, que reputa perigoso, vergonhoso, comprometedor para a profissão; quer que convença o rapaz a fugir, com dinheiro dado por ele, Brierly. Percebemos que se sente exposto no caso de Jim, com toda a sua honorabilidade em risco, possuído por um sentimento estranho de inquietação, que lhe abala a superioridade desdenhosa, a perfeita linha de conduta. E vem o choque, no curso da narrativa em que Marlow o vai caracterizando:

> Os miasmas da vida podiam menos sobre a sua alma suficiente do que o arranhão de um alfinete sobre um rochedo. Era uma coisa invejável. Vendo-o ao lado do magistrado pálido e inexpressivo que presidia ao inquérito, era como se a sua segurança apresentasse, a mim e ao mundo, uma superfície tão dura quanto a do granito. Suicidou-se alguns dias mais tarde.

Com efeito, depois de tomar as providências do dever, o rutilante Brierly também salta a amurada, como Jim — mas para a morte. Sem motivo, sem justificativa, sem qualquer explicação — fazendo-nos lembrar o não menos imponente Richard Cory, do poema de Edwin Arlington Robinson. A inquietude que o sacudiu durante o inquérito abre caminho, todavia, para uma interpretação muito cabível dentro dos métodos de Conrad, e que não escapou à crítica.[11] Como Leggatt para o jovem comandante de "The Secret Sharer", Jim representa para Brierly o Outro, o *duplicata* obscuro e

---

[11] É o problema da ressonância moral, exposto de maneira excelente no citado livro de Albert Guérard, pp. 147-151, onde vem resumido nestas palavras: "Dramaticamente e teoricamente, *Lord Jim* é uma história de simpatias, projeções, empatias... e lealdades. A relação central é a de Marlow com Jim. [...] Ele é devotado a Jim como se deve ser a um outro ser potencial, ao ser criminosamente fraco que possa ainda existir. [...] Marlow não fica fatalmente paralisado ou imobilizado por este jovem *duplo*, mas o grande Brierly sim. [...] Ele tinha reconhecido em Jim um insuspeitado ego potencial; tinha olhado em si mesmo pela primeira vez". Aliás, o próprio Marlow se refere a Jim como "meu irmão mais moço", imaginando que a pátria lhe pediria contas dele (*Lord Jim*, p. 223). Noutro passo: "Não sei por que ele sempre me pareceu simbólico (da juventude). Talvez seja esta a causa real do meu interesse no seu destino" (p. 265).

temível em que se desdobra o ser, e que a oportunidade traz à tona da consciência. Sem necessidade do menor comentário, nós sentimos que a sua integridade se abalou até o alicerce pelo contato de uma realidade perturbadora (o ato de Jim), despertando nele Deus sabe que confrontos e clarividências. Trata-se de uma solidariedade misteriosa entre os seres, que multiplica o desdobramento interior em ressonâncias sem fim.

É que nós somos não apenas intimamente divididos, incongruentes, a despeito da unidade imposta pela norma social, mas sentimos nos outros parcelas de afinidade que nos revelam a nós mesmos, como se todos os outros fossem os nossos duplos por alguma parte do seu ser. O maior horror de Jim, por exemplo, reside no medo de ser equiparado aos lamentáveis malandros do *Patna*, que, além de tudo, fugiram ao inquérito, deixando-o só para aguentar o peso do ato que foi deles, antes de ser dele. Ato a que aderiu, todavia, nivelando-se. Por isso pressente que há em si alguma coisa de comum com aqueles homens: o gordo e sebento comandante; o mecânico-chefe, corroído de bebedeira; o segundo mecânico, trêmulo de covardia. No final do livro, em Patusan, o mesmo sentimento de solidariedade escusa e inevitável o enfraquece diante do arrogante Brown, que lhe pergunta se a sua consciência estava limpa ao ponto de lhe permitir julgar os outros; e que alude insidiosamente à comunidade inevitável dos homens.

> Sendo igualmente um pária social e um chefe, Brown apresenta uma semelhança grotesca com Jim; e o encontro entre ambos pode ser comparado com a cena do bote salva-vidas do *Patna*, como o segundo e notável exemplo no livro da maneira dramática e visual pela qual Conrad traduz uma posição psicológica. A esperteza de Brown dá resultado, porque Jim, um homem falível, e

não o ser sobrenatural da lenda, não pode destruir o seu passado, mesmo numa terra sem passado.[12]

O suicídio de Brierly, seguindo à violenta e inesperada reação moral, fornece um elo decisivo à cadeia de ecos e ressonâncias, que estabelecem uma solidariedade profunda entre todos os homens, por diversas que sejam as suas condutas aparentes. Sob a firmeza destas, há uma gradação de matizes morais que nos aproximam uns dos outros. Assim, num extremo, há os malandros do *Patna*; há depois o honesto Jim, que agiu um momento como eles; há Brierly, que nunca rompeu, ao que saibamos, a linha de comportamento, mas que se matou ao contato da ação de Jim; há Marlow, que resistiu, mas comenta a cada passo com os amigos que Jim "era um de nós", um homem de bem, lembrando que na mocidade muitos estiveram expostos a atos semelhantes. Marlow se liga a Jim, protege-o, compreende-o apesar de sentir a gravidade do que fez, porque tem o vago senso das obscuras possibilidades interiores. E também uma curiosidade pelo outro que parece projeção e o leva a deixar de lado as aparências, a fim de procurar o essencial de cada um.

Nada mais terrível do que observar um homem que foi apanhado, não num crime, mas numa fraqueza mais do que criminosa. Há uma firmeza estabelecida de caráter que nos impede de ser criminosos num sentido legal; mas da fraqueza desconhecida, talvez pressentida, como em certas partes do mundo pressentimos

---

[12] Paul L. Wiley, op. cit., p. 59. Diz Albert Guérard, comentando o suicídio de Brierly: "A principal função do episódio é nos preparar para compreender, ou ao menos aceitar, a paralisadora identificação de Jim com o gentleman Brown, e a recusa suicida de lutar com ele" (op. cit., p. 149). No confronto com Brown, surgem "ecos de uma voz apagada dentro dele [...]. Ligado a Brown por uma culpa comum Jim arruína Patusan e é morto pelos aldeões". Walter Allen, op. cit., p. 307.

que em cada moita há uma serpente mortífera — da fraqueza que pode estar dentro de nós, fiscalizada ou não, conjurada submissamente ou virilmente desprezada, reprimida ou talvez ignorada durante a metade da vida —, desta fraqueza nenhum de nós está livre.

E mais:

Seria por minha própria causa que eu tentava encontrar a sombra dalguma desculpa para esse rapaz que eu nunca tinha visto antes, mas cuja simples aparência acrescentava um toque de preocupação pessoal aos pensamentos sugeridos pelo conhecimento da sua fraqueza, dela fazendo algo cheio de mistério e terror, como o toque de um fado destrutivo, pronto para atingir todos nós cuja juventude, a seu tempo, tinha sido parecida com a dele?

Ele era um de nós.

"Ele era um de nós" — diz o próprio autor falando do seu personagem e encerrando o prefácio do livro com estas palavras. Por aí, ele próprio se inclui humanamente na cadeia de ressonâncias e afinidades, levando-nos a nos incluirmos também, para fazer do ato de Jim um capítulo das nossas virtualidades. Todos os estudiosos a repetem por sua vez, como frase-chave, que não significa todavia apenas: "ele no fundo era um homem de bem, da mesma classe, parecido com o que somos pela profissão e as convicções". À luz da interpretação proposta neste ensaio, significa sobretudo: "também nós somos feitos de uma massa que nos leva potencialmente a atos semelhantes".

Esta vinculação profunda manifesta a teoria implícita em Conrad, já exposta acima: a perturbadora complexidade do ser, que o leva a surpreender-se no ato imprevisto, é normal, não excepcional. Ela se exprime na constelação de personagens que testemunham virtualmente uns sobre os outros, e determina o emprego do ângulo narrativo múltiplo. Concepção e técnica se fundem intimamente; a fragmentação psicológica se traduz por um tempo fragmentado, uma narrativa estilhaçada, uma multiplicidade de pontos de vista, que envolvem a realidade, dissociando-a para recompô-la. A realidade é sempre vista *através* de alguém, sem que o próprio romancista a exponha diretamente nos momentos decisivos, e o intermediário final é a morte, que completa e realiza o personagem, dando à sua vida um sentido que antes não tinha. Ela é não apenas o dado final para o conhecimento, mas o fim do tempo para o ser. Na morte não há mais incidentes, não há mais sequências de fatos, não há novos atos do que morreu. Heyst, Razumov, Decoud, Almayer, Kurtz, Jim. Só a morte os explica, sobretudo quando a sua vida se torna uma preparação inconsciente para ela. Jim evitou-a no *Patna*; por isso ela passa a ser a sua meta involuntária, e ele só se livra do Outro e se reconcilia consigo quando a encontra depois de uma longa depuração, aceitando-a como sacrifício consciente. Morre pagando um novo erro; mas um erro de magnanimidade e de renúncia, que redime a catástrofe pela sobrevivência moral.

Nota bibliográfica

Utilizei o texto da *Collected Edition of the Works of Joseph Conrad*. 22 v. Londres: J. M. Dent & Sons, 1946-1955. Os romances foram citados em grifo; os contos e as novelas, publicados em coletâneas, entre aspas. É a seguinte a cronologia da obra de Conrad, marcando-se com asterisco os escritos citados neste ensaio:

1895 *Almayer's Folly: A Story of an Easten River*.*

1896 *An Outcast of the Islands*.*

1897 *The Nigger of the "Narcissus": A Tale of the Sea*.*

1898 *Tales of Unrest* (Contendo: "Karain, a Memory", "The Idiots", "An Outpost of Progress",* "The Return", "The Lagoon").

1900 *Lord Jim: A Tale*.*

1901 *The Inheritors: An Extravagant Story* (Em colaboração com Ford Madox Hueffer).

1902 *Youth: A Narrative; and Two Other Stories* (Contendo: "Youth",* "Heart of Darkness",* "The End of the Tether"*).

1903 *Typhoon and Other Stories* (Contendo: "Typhoon",* "Amy Foster", "Falk", "To-Morrow").

Romance: A Novel (Em colaboração com Ford M. Hueffer).

1904 *Nostromo: A Tale of the Seabord*.*

1906 *The Mirror of the Sea: Memories and Impressions*.

1907 *The Secret Agent: A Simple Tale*.

1908 *A Set of Six* (Contendo: "Gaspar Ruiz", "The Informer", "The Brute", "An Anarchist", "The Duel", "Il Conde").

1911 *Under Western Eyes*.*

1912 *A Personal Record*.*

Twixt Land and Sea: Tales (Contendo: "A Smile of Fortune", "The Secret Sharer",* "Freya of the Seven Isles"*).

1913 *Chance: A Tale in Two Parts.**

1915 *Victory: An Island Tale.**

Within the Tides: Tales (Contendo: "The Planter of Malata", "The Partner", "The Inn of the Two Witches", "Because of the Dollars").

1917 *The Shadow Line: A Confession.**

1919 *The Arrow of Gold: A Story between Two Notes.*

1920 *The Rescue: A Romance of the Shallows.*

1921 *Notes on Life and Letters.*

1923 *The Rover.*

The Secret Agent: A Drama in Four Acts.

1924 *Laughing Anne and One Day More* (Peças extraídas respectivamente de "Because of the Dollars" e "To-Morrow").

1925 *Suspense: A Napoleonic Novel* (inacabado).

Tales of Hearsay (Contendo: "The Warrior's Soul", "Prince Roman",* "The Tale", "The Black Mate").

1926 *Last Essays.*

Os bichos do subterrâneo

Têm garras, têm enormes perigos
De exércitos disfarçados,
Milhares de gatos escondidos
[por detrás da noite incerta.

Mário de Andrade

I

A obra de Graciliano Ramos mostra três aspectos distintos, embora vinculados pela unidade de concepção da arte e da vida que podemos encontrar em todo grande escritor.

Em primeiro lugar a série de romances escritos na primeira pessoa — *Caetés, S. Bernardo, Angústia* —, que constituem essencialmente uma pesquisa progressiva da alma humana, no sentido de descobrir o que vai de mais recôndito no homem, sob as aparências da vida superficial. Poderíamos dizer, usando linguagem dostoievskiana, que essa pesquisa tenta descobrir o *homem subterrâneo*, a nossa parte reprimida, que opõe a sua irredutível, por vezes tenebrosa singularidade, ao equilíbrio padronizado do ser social.

Em segundo lugar as narrativas feitas na terceira pessoa — *Vidas secas*, os contos de *Insônia* —, comportando visão mais destacada da realidade, estudando modos de ser e condições de existência, sem a obsessiva análise psicológica dos outros. Em terceiro lugar encontramos as obras autobiográficas — *Infância, Memórias do cárcere* —, nas quais a subjetividade do autor encontra expressão mais pura e ele dispensa a fantasia, para se abordar diretamente como problema e caso humano.

Nos três setores encontramos obras-primas, seja de arte contida e despojada, como *S. Bernardo* e *Vidas secas*; seja de imaginação lírica, como *Infância*; seja de tumultuosa exuberância, como *Angústia*. Em todas elas está presente a correção da escrita, a suprema expressividade da linguagem, a secura da visão do mundo, o acentuado pessimismo, a ausência de qualquer chantagem sentimental ou estilística. De modo geral, há nelas uma característica interessante (a cujo estudo consagrei um ensaio, *Ficção e confissão*): à medida que os livros passam, vai se acentuando a necessidade de abastecer a imaginação no arsenal da memória, a ponto do autor, a certa altura, largar de todo a ficção em prol das recordações, que a vinham invadindo de maneira imperiosa. Com efeito, a um livro cheio de elementos tomados à experiência de menino (*Angústia*) sucede outro, de recordações, é verdade, mas apresentadas com tonalidade ficcional (*Infância*); e, depois desta ponte, a narrativa sem atavios dum trecho decisivo da sua vida de homem (*Memórias do cárcere*).

Isto permite supor que houve nele uma rotação de atitude literária, tendo a necessidade de inventar cedido o passo, certo momento, à necessidade de depor. E o mais interessante é que a transição não se apresenta como ruptura, mas como consequência natural, sendo que nos dois planos a sua arte conseguiu transmitir visões igualmente válidas da vida e do mundo.

Concluímos daí que no âmago da sua arte há um desejo intenso de testemunhar sobre o homem, e que tanto os personagens criados quanto, em seguida, ele próprio, são projeções desse impulso fundamental, que constitui a unidade profunda dos seus livros.

2

Caetés decorre numa cidade do interior. O narrador, João Valério, empregado duma firma comercial, apaixona-se pela mulher do patrão e tem com ela um caso amoroso, que, denunciado por carta anônima, leva o marido ao suicídio. Arrependido e aliás arrefecido nos sentimentos, Valério acaba afastado de Luísa, mas sócio da firma. Esta, a espinha do enredo, à cuja roda se organiza a vida da cidade, descrita em cenas e retratos de perfeita fatura realista. É capital a importância do ambiente, a descrição minuciosa das cenas, o uso realista do diálogo — de tal modo que o papel das circunstâncias é quase tão grande quanto o do protagonista. Em tal livro, a despeito do problema humano central, somos levados insensivelmente ao meio, aos outros personagens, aos pormenores externos, como desejava a estética naturalista e como procuraram realizar os seus seguidores.

Há cenas exemplares a este respeito, sobretudo coletivas, quando a técnica é solicitada para compor o intercâmbio intrincado dos figurantes: um jogo de cartas, um jantar, um velório, em que o narrador se situa no mundo como os demais personagens, e nós sentimos progredir o conhecimento dele e de todo o ambiente em que vive. No jantar cruzam-se as conversas dos figurantes, com a exata caracterização sumária de cada um e aquele ar de naturalidade, de coisa-como-realmente-se-dá, um dos mais caros objetivos do Naturalismo. Embora saibamos, e o autor deixe explícito, que o foco é a corte do narrador a Luísa, tudo se dispõe de modo a que isso não fique, para o leitor, mais importante que o movimento animado da reunião.

Tinha-se acabado a sopa. Aquele indivíduo me intrigava. Dirigi-me à vizinha da direita:
— Quem é aquele homem moreno, d. Clementina, lá na ponta, ao lado da professora?
— É o dr. Castro.
— Que significa o dr. Castro?

— Promotor, chegou há dias, parente do dr. Barroca.

Serviram um prato que não pude saber se era peixe ou carne, fatias desenxabidas em molho branco. Evaristo iniciou um palavreado sonoro, em que de novo encaixou a sã política filha da moral e da razão, mas a frase repetida não produziu efeito. Apenas o promotor balançou a cabeça e rosnou um monossílabo aprobativo. Evaristo queria eleitores conscientes, uma democracia verdadeira. Procurei pela segunda vez os olhos de Luísa, e não os encontrando, declarei com aversão que a democracia era blague.

— Por quê?

Naturalmente porque Luísa estava amuada. Mas julguei este motivo inaceitável e perigoso: recorri a outros, que o deputado inutilizou com meia dúzia de chavões. Vitorino disse que não votava, tinha rasgado o título, achava que eleição era batota. E não compreendia o empenho do dr. Barroca em aliciar eleitores:

— Tendo quatro soldados e um cabo, o senhor tem tudo.

O dr. Castro reconheceu que os soldados e o cabo eram de grande eficiência:

— Ora, a força do direito... isto é, o direito da força... Afinal os senhores me entendem.

Além dessa forma precisa e quase impessoal de organização literária do mundo, é preciso assinalar em *Caetés* um traço importante para os rumos futuros de Graciliano Ramos: a presença esfumada dos índios, que lhe dão nome, através dum romance que João Valério anda tentando escrever sobre eles. Este romance é tratado como elemento de pitoresco e de humor; mas aos poucos vamos percebendo que desempenha certas funções, entre as quais a de esclarecer a psicologia de Valério, propenso ao devaneio e à fuga da realidade. Ou, ainda, manifestar alguns pontos de vista sobre a criação literária, não obstante o tom meio jocoso, mostrando como Graciliano a concebia e praticava — inclusive o apego irresistível à realidade observada ou sentida, que faz João Valério utilizar, na descrição do passado, as pessoas e fatos do presente. Serve também para sugerir a lentidão da escrita, escrupulosa, sem ímpeto nem facilidade, e desvendar a luta por uma visão coesa, partindo de fragmentos isolados pela percepção. Mais importante do que tudo, porém, para as intenções do presente ensaio, é a função alegórica dos caetés, encarnando o que há de permanentemente selvagem em cada homem; lembrando que, ao raspar-se a crosta policiada, desponta o primitivo, instintivo e egoísta, bárbaro e infantil.

Na última página do livro, dando um balanço melancólico na sua vida e na da cidade, João Valério sente essa presença constante. E é necessário transcrever um trecho longo, fundamental para o aspecto da obra de Graciliano que este ensaio procura focalizar:

A estrela vermelha brilhava à esquerda. Pareceu-me pequena, como as outras, uma estrela comum. Comum, como as outras. E estive um dia muito tempo a contemplá-la com respeito supersticioso contando-lhe cá de baixo os segredos do meu coração. E lamentei não ser selvagem para colocá-la entre os meus deuses e adorá-la.

O vento zumbia no fio telegráfico. À porta do hospital de São Vicente de Paulo gente discutia. A escuridão chegou.

Não ser selvagem! Que sou eu senão um selvagem, ligeiramente polido, com uma tênue camada de verniz por fora? Quatrocentos anos de civilização, outras raças, outros costumes. E eu disse que não sabia o que se passava na alma de um caeté! Provavelmente o que se passa na minha, com algumas diferenças. Um caeté de olhos azuis, que fala português ruim, sabe escrituração mercantil, lê jornais, ouve missas. É isto um caeté.

Estes desejos excessivos, que desaparecem bruscamente... Esta inconstância que me faz doidejar em torno de um soneto incompleto, um artigo que se esquiva, um romance que não posso acabar... O hábito de vagabundear por aqui, por ali, por acolá, da pensão para o Bacurau, da *Semana* para a casa do Vitorino, aos domingos pelos arrabaldes; e depois dias extensos de preguiça e tédio, passados no quarto, aborrecimentos sem motivo que me atiram para a cama, embrutecido e pesado... Esta inteligência confusa, pronta a receber sem exame o que lhe impingem... A timidez que me obriga a ficar cinco minutos diante de uma senhora, torcendo as mãos com angústia... Explosões súbitas de dor teatral, logo substituídas por indiferença completa... Admiração exagerada às coisas brilhantes, ao período sonoro, às miçangas literárias, o que me induz a pendurar no que escrevo adjetivos de enfeite, que depois risco...

A cidade estendia-se, lá embaixo, sob uma névoa luminosa. O vento continuava a zumbir no arame. Fazia frio. Violões passaram gemendo.

Um caeté, sem dúvida. O Pinheiro é um santo, e eu às vezes me rio dele, dou razão ao Nazaré, que é um canalha. Guardo um ódio feroz ao Neves, um ódio irracional, e dissimulo, falo com ele: a falsidade do índio. E um dia me vingarei, se puder. Passo horas escutando as histórias de Nicolau Varejão, chego a convencer-me de que são verdades, gosto de ouvi-las. Agradam-me os desregramentos da imaginação. Um caeté.

3

Com *S. Bernardo*, escrito quatro anos depois, estamos em plena maturidade literária. É a história de um enjeitado, Paulo Honório, dotado de vontade inteiriça e da ambição de se tornar fazendeiro. Depois de uma vida de lutas e brutalidade, atinge o alvo, assenhoreando-se da propriedade onde fora trabalhador de enxada, e que dá nome ao livro. Aos 45 anos casa com uma mulher boa e pura, mas como está habituado às relações de domínio e vê em tudo, quase obsessivamente, a resistência da presa ao apresador, não percebe a dignidade da esposa nem a essência do seu próprio sentimento. Tiraniza-a sob a forma de um ciúme agressivo e degradante; Madalena se suicida, cansada de lutar, deixando-o só e, tarde demais, clarividente. Corroído pelo sentimento de frustração, sente a inutilidade da sua vida, orientada exclusivamente para coisas exteriores, e procura se equilibrar escrevendo a narrativa da tragédia conjugal.

Acompanhando a natureza do personagem, tudo em *S. Bernardo* é seco, bruto e cortante. Talvez não haja em nossa literatura outro livro tão reduzido ao essencial, capaz de exprimir tanta coisa em resumo tão estrito. Por isso é inesgotável o seu fascínio, pois poucos darão, quanto ele, semelhante ideia de perfeição, de ajuste ideal entre os elementos que compõem um romance.

À primeira vista, poder-se-ia pensar em prolongamento da fórmula naturalista usada em *Caetés*. Mas logo percebemos que falta, nele, o que no outro livro é básico: a autonomia do mundo exterior, a realidade dos demais figurantes, amorosamente composta. Num nítido antinaturalismo, a técnica é determinada pela redução de tudo, seres e coisas, ao protagonista. Não se trata mais de situar um personagem no contexto social, mas de submeter o contexto ao seu drama íntimo. Circunstância tanto mais sugestiva quanto Graciliano Ramos guardou nele a capacidade de caracterização realista dos homens e do mundo, conservando a maior impressão de objetividade e verossimilhança ao lado da concentração absoluta em Paulo Honório, facilitada pela técnica da narrativa na primeira pessoa. O mundo áspero, as relações diretas e decisivas, os atos bruscos, a dureza de sentimentos, tudo o que forma a atmosfera de *S. Bernardo* decorre da visão pessoal do narrador.

Nele, fulge invicto um caeté; ele próprio se compara a um bicho, um ser dalgum modo animalizado na luta pela vida. E isto se reflete no estilo, como podemos ver entre outros traços pelo diálogo. Embora tecnicamente perfeito já em *Caetés*, era lá um instrumento de sociabilidade, comunicação e revelação dos outros através do fio condutor de João Valério. Aqui, parece antes fator de antagonismo, tornando-se um contraponto de réplicas breves, essenciais, sempre desfechando em algo decisivo. Os interlocutores não falam à toa, e a impressão é que duelam. Duelo entre Paulo Honório e o pobre Luís Padilha, que termina entregando a fazenda: "No outro dia, cedo, ele meteu o rabo na ratoeira e assinou a escritura. Deduzi a dívida, os juros, o preço da casa, e entreguei-lhe sete contos, quinhentos e cinquenta mil-réis. Não tive remorsos". Duelos, os diálogos armados com o velho Mendonça, um de cada lado da cerca, ou na sala de visitas rondada por capangas; duelos, as conversas com Madalena, que acabam pela sua morte.

Na admirável recapitulação final, a cujo lado é fraca e juvenil a de João Valério, percebemos toda a curva de uma vida que se quis violentamente plena e acabou destruída pela ignorância dos valores essenciais.

> O que estou é velho. Cinquenta anos pelo S. Pedro. Cinquenta anos perdidos, cinquenta anos gastos sem objetivo, a maltratar-me, a maltratar os outros. O resultado é que endureci, calejei, e não é um arranhão que penetra esta casca espessa e vem ferir cá dentro a sensibilidade embotada.
>
> Cinquenta anos! Quantas horas inúteis! Consumir-se uma pessoa a vida inteira sem saber para quê! Comer e dormir como um porco! Levantar-se cedo todas as manhãs e sair correndo, procurando comida! E depois guardar comida para os filhos,

para os netos, para muitas gerações. Que estupidez! Que porcaria! Não é bom vir o diabo e levar tudo? [...]

Madalena entrou aqui cheia de bons sentimentos e bons propósitos. Os sentimentos e os propósitos esbarraram com a minha brutalidade e o meu egoísmo.

Creio que nem sempre fui assim egoísta e brutal. A profissão é que me deu qualidades tão ruins.

E a desconfiança terrível, que me aponta inimigos em toda a parte!

A desconfiança é também consequência da profissão.

Foi este modo de vida que me inutilizou. Sou um aleijado. Devo ter um coração miúdo, lacunas no cérebro, nervos diferentes dos nervos dos outros homens. E um nariz enorme, uma boca enorme, dedos enormes.

Se Madalena me via assim, com certeza me achava extraordinariamente feio.

Fecho os olhos, agito a cabeça para repelir a visão que me exibe essas deformidades monstruosas.

A vela está quase a extinguir-se.

Julgo que delirei e sonhei com atoleiros, rios cheios, e uma figura de lobisomem.

Lá fora há uma treva dos diabos, um grande silêncio. Entretanto o luar entra por uma janela fechada e o nordeste furioso espalha folhas secas no chão.

O narrador sente que o homem que ele manifestou para o mundo, e se desumanizou na conquista da fazenda São Bernardo, no domínio sobre os outros — que esse homem era parte do seu ser, não o seu ser autêntico; mas que o contaminou todo, inclusive a outra parte que não soube trazer à tona e que avulta de repente aos seus olhos espantados, levando-o a desleixar a fazenda, os negócios, os animais, porque tudo "estava fora dele".

4

Sob o ponto de vista da análise da personalidade, focalizada de preferência neste ensaio, *Angústia* completa a pesquisa de Graciliano Ramos.

É a história de um frustrado, Luís da Silva, tímido e solitário, dotado de um poder mórbido de autoanálise, que o faz, em consequência, desenvolver um nojo impotente dos outros e de si mesmo. Certo dia entabula amizade com a moça vizinha, acaba apaixonado, pede-a em casamento e lhe entrega as parcas economias para um enxoval hipotético. A essa altura se intromete Julião Tavares, que tem tudo o que falta ao outro: ousadia, dinheiro, posição social, euforia e tranquila inconsciência. A fútil Marina se deixa seduzir sem dificuldade e Luís, espezinhado, confirmado no abismo interior pela derrota, vai nutrindo impulsos de assassínio que o levam, de fato, a estrangular o rival. Após uma longa doença, causada pelo abalo nervoso, conta a própria história.

Tecnicamente *Angústia* é o livro mais complexo de Graciliano Ramos. Senhor dos recursos de descrição, diálogo e análise, emprega-os aqui num plano que transcende completamente o Naturalismo, pois o mundo e as pessoas são uma espécie de realidade fantasmal, colorida pela disposição mórbida do narrador. A narrativa não flui, como nos romances anteriores. Constrói-se aos poucos, em fragmentos, num ritmo de vai e vem entre a realidade presente, descrita com saliência naturalista, a constante evocação do passado, a fuga para o devaneio e a deformação expressionista. Daí um tempo novelístico muito mais rico e, diríamos, tríplice, pois cada fato apresenta ao menos três faces: a sua realidade objetiva, a sua referência à experiência passada, a sua deformação por uma crispada visão subjetiva. Se, por exemplo, está andando de bonde, o narrador registra em atropelo a percepção do exterior, quase delira com as agruras por que vem passando, foge na imaginação para certo período da mocidade, recua por um mecanismo associativo até a infância, volta à obsessão presente e à visão deformada da rua. Deste modo, a narrativa oscila incessantemente nos três planos, ganhando intensidade dramática e alucinatória.

A caracterização psicológica de Luís da Silva é igualmente mais complexa, levando ao extremo, como disse, certas constantes dos personagens anteriores; ele é por excelência o selvagem, o bicho, escondido na pele dum burguês medíocre.

Quando a clarividência e o senso de análise, em relação a nós e aos outros, atingem o máximo, dá-se na personalidade uma espécie de desdobramento. Passam a colidir no mesmo indivíduo um ser social, ligado à necessidade de ajustar-se a certas normas convencionais para sobreviver, e um ser profundo, revoltado contra elas, inadaptado, vendo a marca da contingência e da fragilidade em tudo e em si mesmo. Daí a incapacidade de viver normalmente e o nascimento do senso de culpa, ou autonegação. "Tudo provém da circunstância de eu não ter estima por mim; mas quem se conhece pode lá estimar-se — ainda que seja um pouco?" Este conceito terrível é enunciado pelo narrador das *Memórias do subsolo*, de Dostoiévski, cuja invocação ajuda a conhecer o protagonista de *Angústia*. Ambos são homens acuados, tímidos, vaidosos, hipercríticos, fascinados pela vida e incapazes de vivê-la, desenvolvendo um modo de ser de animal perseguido. Como tudo lhes parece voltado contra eles (e tudo neles parece insatisfatório, mesquinho), sentem um desejo profundo de aniquilamento, abjeção, catástrofe; uma espécie de surda aspiração à animalidade, à inconsciência dos brutos, que libertaria do mal de pensar e, ao mesmo tempo, levaria ao limite possível o sentimento de autoabjeção. "Declaro solenemente que tentei várias vezes tornar-me um inseto, mas não fui considerado digno." — diz o mesmo personagem dostoievskiano. O processo chega ao fim no Gregório Samsa, de Kafka, que certa manhã acorda metamorfoseado numa sevandija enorme.

Luís da Silva não segue este rumo lógico, mas vive cercado de animais que simbolizam a sua natureza conturbada: cobras, ligadas a recordações infantis, a impulsos de morte e sexo oprimido; ratos, que povoam a sua casa, roem os seus manuscritos e se identificam, em certos trechos, aos movimentos mais torpes, nele e nos outros. Em tudo sentimos crescer um homem das profundezas, parente do de Dostoiévski, perseguido por um senso demasiado agudo dos "subterrâneos do espírito", mencionados nas *Memórias do cárcere*.

Avultando sempre na obra de Graciliano Ramos, a preocupação com a análise do Eu culmina pois em *Angústia*, onde atinge, simbolicamente, a materialização do homem dilacerado — isto é, a duplicação, a formação de uma alma exterior que adquire realidade e projeta o desdobramento do ser. Sob certos aspectos, Julião Tavares, como observou Laura Austregésilo, é uma espécie de *duplo* de Luís da Silva; encarnando a metade triunfante que lhe falta, é suscitado pelo vulto que o sentimento de frustração adquire na sua consciência. É um ente de superfície, ajustado ao cotidiano, que Luís odeia e secretamente inveja; mas que vem agravar, por contraste, a sua desarticulação. Por isso é necessário matá-lo, esconjurar a projeção caricatural dos próprios desejos, que o reflete como um espelho deformante. Depois de lentamente amadurecido no espírito, o assassínio surge como ato de reequilíbrio, descrito magistralmente num dos passos mais belos da nossa prosa contemporânea, onde convergem todas as constantes da obra: devaneio, deformação subjetiva, associação de ideias trazendo o passado, visão fragmentária e nebulosa da realidade presente.

Depois de seduzir e abandonar Marina, Julião passa a novas aventuras. Uma noite, o narrador vai esperá-lo à saída de uma delas, no arrabalde. "A escuridão esbranquiçada feita pela neblina aumentava, escuridão pegajosa em que os postes espaçados abriam clareiras de luz escassa." Caminhando atrás do rival, Luís vai vendo a sua transfiguração na noite, deformado pelo próprio medo, pelas recordações:

> Julião Tavares flutuava para a cidade no ar denso e leitoso. Estaria longe ou perto? Aparecia vagamente nos pontos iluminados, em seguida o nevoeiro engolia-o, e eu tinha a impressão de que ele ia voar, sumir-se. Um balão colorido em noite de São João, boiando no céu escuro.

Ainda não sabe o que vai fazer, desvaria, recolhe-se às lembranças e encontra no bolso a corda que lhe dera seu Ivo, o vagabundo. A ideia das humilhações sofridas cresce nele, o sentimento da sua vida subalterna e esmagada pede uma compensação. A recordação do manso assassino José Bahia volta com insistência e ele, com um salto e um gesto rápido, estrangula o rival desprevenido.

> A corda enlaçou o pescoço do homem, e as minhas mãos apertadas afastaram-se. Houve uma luta rápida, um gorgolejar, uns braços a debater-se. Exatamente o que eu havia imaginado. O corpo de Julião Tavares ora tombava para a frente e ameaçava arrastar-me, ora se inclinava para trás e queria cair em cima de mim. A obsessão ia desaparecer. Tive um deslumbramento. O homenzinho da repartição e do jornal não era eu. Esta convicção afastou qualquer receio de perigo. Uma alegria enorme encheu-me. Pessoas que aparecessem ali seriam figurinhas insignificantes. Tinha-me enganado. Em trinta e cinco anos haviam-me convencido de que só me podia mexer pela vontade dos outros. Os mergulhos que meu

pai me dava no Poço da Pedra, a palmatória do mestre Antônio Justino, os berros do sargento, a grosseria do chefe de revisão, a impertinência macia do diretor, tudo virou fumaça. Julião Tavares estrebuchava. Tanta empáfia, tanta lorota, tanto adjetivo besta em discurso — e estava ali, amunhecado, vencido pelo próprio peso, esmorecendo, escorregando para o chão, coberto de folhas secas, amortalhado na neblina.

Morto Julião Tavares, esconjurado o *duplo*, o narrador se reintegra no seu ser profundo e irremediável; condena-se em definitivo a permanecer com a frustração e o desespero. Mas o que não podia era continuar a luta desigual com o *outro*, que acabaria por expulsá-lo da vida, como a projeção de Goliádkin no romance de Dostoiévski (*O duplo*).

Esta passagem de um realismo nutrido pelo senso objetivo do mundo exterior para um realismo trágico, que sobrepõe os problemas do Eu à própria integridade do mundo, deformando-o, é característica de Graciliano Ramos, e faz da sua obra uma caminhada sob certos aspectos inversa, por exemplo, à de um José Lins do Rego.

Isto se manifesta em vários aspectos da sua escrita, como, para citar um caso, a técnica seletiva, a composição por meio de fragmentos. João Valério constrói os caetés, um pouco humoristicamente, com pedaços de conhecidos; Paulo Honório explica que o seu método consiste em extrair o sumo dos acontecimentos e pôr fora o acessório, como bagaço; mais tarde, em *Vidas secas*, a visão se elabora por meio de uma justaposição de ângulos parciais, enquanto *Infância* acompanhará a natureza episódica da memória infantil. Mas em *Angústia* estes processos culminam, dando uma visão quebrada — um mundo reconstituído com fragmentos de lembranças, englobados arbitrariamente no devaneio, graças à percepção falha e incompleta. Resulta uma realidade deformada, nebulosa, tremendamente subjetiva, projetando um Eu em crise permanente. Luís da Silva guarda dos acontecimentos certos pormenores neuroticamente fixados, geralmente os que permitem uma interpretação deprimente ou brutal, assim como guarda das cenas de rua pedaços descosidos e incompletos. Quando caminha, bate nos outros e não percebe os obstáculos, que lhe chegam à percepção em partes destacadas do todo: um olho, uma perna, uma pedra. As pessoas são vistas segundo a cor da sua própria alma — tatuadas de maneira selvagem pelas letras brancas de um espelho de café, esganadas pela imaginação, bestializadas por suspeitas delirantes. E, para culminar este banho de introjeção, o autor recorre aqui, pela primeira vez na sua obra, a certos dissolventes das formas nítidas: escuridão, névoa, sons percebidos através de um anteparo, círculo estreito em volta das lâmpadas. Na narrativa — idas e vindas, desvios, coleção de fragmentos.

Sentimos que a sua firmeza é devida em parte à experiência prévia do mundo objetivamente descrito. A deformação de tonalidade expressionista a que chega em *Angústia*, no limite da sua pesquisa da personalidade, tem como base um conhecimento seguro da realidade normalmente percebida e das técnicas destinadas a exprimi-la. Só quem havia ordenado as confissões de João Valério e Paulo Honório seria capaz de desaçaimar o "homem subterrâneo" de *Angústia*, com essa infinita capacidade de experimentar, própria da literatura.

5

A partir deste livro, a sua investigação literária se bifurca. O lastro de observação do mundo, segundo a narrativa direta, vai decantar-se (num alto nível de depuração) em *Vidas secas*, sem falar nos contos reunidos em *Insônia*, acessórios na sua obra. A preocupação com os problemas da análise interior se transfere para a autobiografia, primeiro em tonalidade fictícia, depois em depoimento direto. Graciliano não se repetia tecnicamente; para ele uma experiência literária efetuada era uma experiência humana superada. "Aurélio Buarque de Holanda chamou-me a atenção para a circunstância de representar cada uma das obras de Graciliano Ramos um tipo diferente de romance. [...] Graciliano Ramos faz experimentos com a sua arte; e como o 'mestre singular' não precisa disso, temos aí um indício certo de que está buscando a solução de um problema vital" (Otto Maria Carpeaux). Daí a variedade da sua obra, relativamente parca, e o esgotamento de filões que o levou a passar da invenção ao testemunho.

Vidas secas é o único dos seus romances escrito na terceira pessoa, e isto, não fossem outros motivos, bastaria para aguçar o nosso interesse. É também o único inteiramente voltado para o drama social e geográfico da sua região, que nele encontra a expressão mais alta.

É a história de uma família de pobres vaqueiros, que chegam a uma fazenda abandonada, ali vivem servindo o dono ausente durante um período de bonança, entre os incidentes de todo o dia e os problemas pessoais de cada um. Sobrevém a seca, esgotam-se as possibilidades, o pequeno grupo retoma a peregrinação, acossado pela miséria, mas animado por uma esperança vaga e sempre renovada.

Como nos outros livros, é perfeita a adequação da técnica literária à realidade expressa. Fabiano, sua mulher, seus filhos, rodam num âmbito exíguo, sem saída nem variedade. Daí a construção por fragmentos, quadros quase destacados, onde os fatos se arranjam sem se integrarem uns com os outros aparentemente, sugerindo um mundo que não se compreende e só pode ser captado em manifestações isoladas. Os seus capítulos foram escritos e publicados inicialmente como episódios separados, à maneira do que se daria também com *Infância*. Ao reuni-los, o autor não quis amaciar a sua articulação, mostrando que a concepção geral obedecia de fato àquela visão tateante do rústico.

Em lugar de contentar-se com o estudo do homem, Graciliano Ramos o relaciona aqui intimamente ao da paisagem, estabelecendo entre ambos um vínculo poderoso, que é a própria lei da vida naquela região. Mas conserva, sob a objetividade da terceira pessoa, o filete da escavação interior. Cada um desses desgraçados, na atrofia da sua rusticidade, se perscruta, se apalpa, tenta compreender, ajustando o mundo à sua visão — de homem, de mulher, de menino, até de bicho, pois a cachorra Baleia, já famosa em nossa literatura, também tem os seus problemas, e vale sutilmente como vínculo entre a inconsciência da natureza e a frouxa consciência das pessoas.

Publicado este livro, Graciliano Ramos deixou quase por completo a ficção. Nos quinze anos que lhe restavam para viver, optou pelo material da memória, evocando a infância, redigindo as recordações da prisão, que sofreu de 1936 a 1937. Embora tenham em comum o caráter autobiográfico, são obras bastante diversas. *Infância*, como foi dito, conserva a tonalidade ficcional e é composto num revestimento poético da realidade, que despersonaliza dalgum modo o depoimento e o mergulha na fluidez da evocação.

Um dos seus aspectos mais belos é a progressiva descoberta do mundo — das pessoas, das coisas, do bem e do mal, da liberdade peada e da tirania da convenção, às quais se choca, ou se adapta, a tenra haste da meninice.

Mergulhei numa comprida manhã de inverno. O açude apojado, a roça verde, amarela e vermelha, os caminhos estreitos mudados em riachos, ficaram-me na alma. Depois veio a seca. Árvores pelaram-se, bichos morreram, o sol cresceu, bebeu as águas, e ventos mornos espalharam na terra queimada uma poeira cinzenta. Olhando-me por dentro, percebo com desgosto a segunda paisagem. Devastação, calcinação. Nesta vida lenta sinto-me coagido entre duas situações contraditórias — uma longa noite, um dia imenso e enervante, favorável à modorra. Frio e calor, trevas densas e claridades ofuscantes.

Dessa nebulosa, a idade vai tirando os seres e a experiência do mundo. Um mundo decepcionante, confuso, em que o menino não entende bem as coisas. O pobre mendigo Venta-Romba, manso e inofensivo, é preso porque a mãe do narrador se assustou e seu pai não pode voltar atrás. As noções na escola parecem inúteis e vêm impostas. A doutrina oficial surge no pedantismo de uma formiga faladeira e bem-pensante, glosada pela solenidade do livro didático. E a prática da vida vai se articulando como um tateio improfícuo, mortificante, refletido no estilo de uma beleza admirável, que envolve as formas nítidas numa névoa evocativa.

Memórias do cárcere, a que o autor consagrou toda a fase final da vida e só veio à luz depois da sua morte, é depoimento, relato que se esforça por ser direto e desataviado, testemunho sobre o mundo da prisão, visto do ângulo da sua experiência pessoal. Abandonadas as vias da criação fictícia, Graciliano Ramos se concentra no documento, mas guarda os traços fundamentais da sua arte narrativa e da sua visão do mundo. O livro é desigual. A longa elaboração foi possivelmente entrecortada de escrúpulos, vincada pelo esforço de objetividade e imparcialidade, em conflito com a ânsia subjetiva de confissão, ressecando nalguns pontos, e sob certos aspectos, a sua veia artística. O diálogo, antes tão perfeito entre os personagens fictícios, é insatisfatório, por vezes constrangido, entre os personagens reais, e às vezes parece faltar discernimento para manipular episódios e cenas. Finalmente, a sua estética de poupança foi talvez um pouco longe, sacrificando não raro (por exemplo) a fluência e o equilíbrio, na caça aos relativos, numerais, possessivos e determinativos — juntas perigosas, que podem emperrar e empastar as frases mas que são, doutro lado, recursos de clareza e naturalidade.

Permanece todavia intacta a visão do conjunto — a capacidade tão dele de criar uma atmosfera que marca e dá sentido específico aos atos e sentimentos das pessoas, fazendo dos seus livros universos poderosamente diferenciados, onde mergulhamos com fascinado abandono.

Permanecem, igualmente, os trechos de alta qualidade literária. E, aqui mais do que em qualquer outro livro, predomina o esforço constante para exprimir uma verdade essencial, manifestar o real com um máximo de expressividade, que corresponda simultaneamente à visão justa. Tratando-se do relato de acontecimentos, sem transposição fictícia, esta qualidade alcança o apogeu e chega a um significado de eminência moral, como se pode ver pelo esforço registrado no capítulo inicial do livro, onde a verdade aparece despida de qualquer demagogia, preconceito ou autovalorização. Isto, num homem de temperamento forte, vivendo de sentimentos e paixões, adepto de uma ideologia política absorvente, não raro deformadora da realidade na dura coerência da sua tática.

Em relação ao sistema formado pelas suas obras, *Memórias do cárcere* constitui um outro tipo de experiência, favorável à sondagem do homem. Foi como se, revistas certas possibilidades de experimentar ficticiamente, Graciliano houvesse obtido a possibilidade de experimentar de fato, à custa da integridade física e espiritual, dele e dos outros. A prisão atirou-o nessa franja de inferno que cerca a nossa vida de homens integrados numa rotina socialmente aceita; franja que em geral só conhecemos por lampejos, e da qual nos afastamos, procurando ignorá-la a fim de pacificar a nossa parcela de culpa. Que é permanente inferno de outros, dos seres condenados à anomia moral, ao crime, à prostituição, à fome — e dos que delegamos para contê-los, para se contaminarem na mesma chama que os devora e de que tentamos nos preservar.

Parcela desse halo negativo, a prisão preocupa e fascina a literatura moderna, desde os mestres do romance no século passado. Atenuada em Dickens, terrível em Victor Hugo e Balzac, monstruosa em Dostoiévski. Para o romancista é uma espécie de laboratório, donde surgem as soluções mais inesperadas e contraditórias. Se de um lado piora as relações humanas, ela as refaz ao seu modo, e neste processo, fazendo descer ao máximo a humanidade do homem, pode extrair do báratro novas leis de pureza e lealdade. É como se houvesse em nós um joão-teimoso que precisa a qualquer preço, e em meio à degradação mais profunda, estabelecer algumas leis de conduta para poder, através delas, afirmar aspirações de limpeza.

Nessa escola de humanidade (arrisquemos a locução banal) ingressou Graciliano Ramos para certas experiências de aviltamento, que vão desde o parasitismo dos percevejos até a dissolução da integridade moral por efeito do medo, do desespero, do envenenamento das relações, passando pela promiscuidade nos porões de navio, salas comuns, carros de presos, sem falar na tortura física e em formas repulsivas de perversão, que presenciou ou pressentiu.

O fato de ter consagrado os últimos anos da vida a relatar uma experiência dessas prende-se, evidentemente, ao desejo de testemunhar, e é consequência lógica da marcha da sua arte, cada vez mais atraída pelo polo da confissão. Mas é necessário juntar uma terceira componente, para avaliar o significado pleno deste esforço e, sobretudo, a sua integração numa certa ordem de pesquisa profunda do homem, que o presente ensaio procura focalizar. Ele aparece como testemunho sobre uma realidade que complementou a visão do mundo, aprofundada desde a intuição dos caetés recônditos e culminada em *Angústia*. É a consequência duma concepção de homem encurralado, animalizado agora pelo "universo concentracionário" que se abateu tragicamente sobre o nosso tempo — não como exceção fortuita, segundo pensaria o liberalismo do tempo em que abrir escolas dava a esperança de fechar prisões, mas como dimensão própria do século dos totalitarismos. Acompanhando a intuição psicológica, os acontecimentos fizeram Graciliano Ramos passar do mundo como prisão à prisão enquanto mundo.

Mas (é curioso) ao passo que fora das grades, no espaço aberto, a vida se amesquinhava e aparecia, refratada na ficção, como teia de capitulações e desajustes sem saída, aqui, no exíguo universo em que o amontoam como bicho, o homem preso pode se humanizar estranhamente. Aumenta a capacidade de compreender e perdoar; da atrofia dos padrões convencionais podem surgir outros, mais lídimos; decanta-se o genuíno do falso, e dos brutos esmagados chega a filtrar por vezes uma límpida componente humana. A experiência do pior permite, assim, discernir o melhor; e, paradoxalmente, o sujo viveiro do cárcere propicia, na obra desse pessimista, lampejos de confiança na vida

> ... que é santa,
> Pesar de todas as quedas.

— como diz o verso de Manuel Bandeira, e como teria sentido porventura Graciliano Ramos, todas as vezes em que não apenas analisou-a, mas aceitou a íntegra impureza da sua força de luz e treva.

O homem dos avessos

> *Queria entender do medo e da coragem,*
> *e da gã que empurrava a gente para*
> *fazer tantos atos, dar corpo ao suceder.*
>
> Riobaldo

Na extraordinária obra-prima *Grande sertão: veredas* há de tudo para quem souber ler, e nela tudo é forte, belo, impecavelmente realizado. Cada um poderá abordá-la a seu gosto, conforme o seu ofício; mas em cada aspecto aparecerá o traço fundamental do autor: a absoluta confiança na liberdade de inventar.

Numa literatura de imaginação vasqueira, onde a maioria costeia o documento bruto, é deslumbrante essa navegação no mar alto, esse jorro de imaginação criadora na linguagem, na composição, no enredo, na psicologia. Pode-se adotar como roteiro crítico o ponto de vista de Cavalcanti Proença, no admirável estudo sobre o estilo de Guimarães Rosa que publicou na *Revista do Livro*, onde menciona a "ampla utilização de virtualidades da nossa língua".[1] Para o artista, o mundo e o homem são abismos de virtualidades, e ele será tanto mais original quanto mais fundo baixar na pesquisa, trazendo como resultado um mundo e um homem diferentes, compostos de elementos que deformou a partir dos modelos reais, consciente ou inconscientemente propostos. Se o puder fazer, estará criando o *seu* mundo, o *seu* homem, mais elucidativos que

---

[1] M. Cavalcanti Proença, "Alguns aspectos formais de *Grande sertão: veredas*", *Revista do Livro*, n. 5, pp. 37-54, mar. 1957. Este estudo foi posteriormente incluído em *Trilhas no Grande sertão* (Rio de Janeiro: Ministério da Educação e Cultura, 1958), o qual, por sua vez, veio a fazer parte do livro *Augusto dos Anjos e outros ensaios* (Rio de Janeiro: José Olympio, 1959), pp. 151-241.

os da observação comum, porque feitos com as sementes que permitem chegar a uma realidade em potência, mais ampla e mais significativa. Cavalcanti Proença mostrou como Guimarães Rosa penetra no miolo do idioma, alcançando uma espécie de posição-chave, a partir da qual pôde refazer a seu modo o caminho da expressão, inventando uma linguagem capaz de conduzir a alta tensão emocional da obra.

Registrando o aparecimento desta numa resenha breve, sugeri, sem especificar, esse caráter de invenção baseada num ponto de partida em que tudo estivesse no primórdio absoluto, na esfera do puro potencial. Parecia que, de fato, o autor quis e conseguiu elaborar um universo autônomo, composto de realidades expressionais e humanas que se articulam em relações originais e harmoniosas, superando por milagre o poderoso lastro de realidade tenazmente observada, que é a sua plataforma. Na resenha, utilizei o exemplo da música e lembrei a posição de Béla Bartók, forjando um estilo erudito, refinadíssimo, a partir do material folclórico, recolhido em abundância e, depois, elaborado de maneira a dar impressão de que o compositor se havia posto no nascedouro da inspiração do povo, para abrir um caminho que permite chegar à expressão universal.

A experiência documentária de Guimarães Rosa, a observação da vida sertaneja, a paixão pela coisa e pelo nome da coisa, a capacidade de entrar na psicologia do rústico, tudo se transformou em significado universal graças à invenção, que subtrai o livro à matriz regional para fazê-lo exprimir os grandes lugares-comuns, sem os quais a arte não sobrevive: dor, júbilo, ódio, amor, morte — para cuja órbita nos arrasta a cada instante, mostrando que o pitoresco é acessório e que na verdade o Sertão é o Mundo.

* * *

Há em *Grande sertão: veredas*, como n'*Os sertões*, três elementos estruturais que apoiam a composição: a terra, o homem, a luta. Uma obsessiva presença física do meio; uma sociedade cuja pauta e destino dependem dele; como resultado, o conflito entre os homens. Mas a analogia para aí; não só porque a atitude euclideana é constatar para explicar, e a de Guimarães Rosa inventar para sugerir, como porque a marcha de Euclides é lógica e sucessiva, enquanto a dele é uma trança constante dos três elementos, refugindo a qualquer naturalismo e levando, não à solução, mas à suspensão que marca a verdadeira obra de arte e permite a sua ressonância na imaginação e na sensibilidade. Em todo o caso, aqueles elementos são fundamentais na sua trama, embora de modo diverso. Convém, pois, abordá-los (englobando o terceiro nos dois anteriores), justamente para ressaltar a diferença e mostrar as leis próprias do universo de Guimarães Rosa, cuja compreensão depende de aceitarmos certos ângulos que escapam aos hábitos realistas, dominantes em nossa ficção.

A terra

O meio físico tem para ele uma realidade envolvente e bizarra, servindo de quadro à concepção do mundo e de suporte ao universo inventado. Nele, a paisagem, rude e bela, é de um encanto extraordinário.

> Assim pois foi, como conforme, que avançamos rompidas marchas, duramente no varo das chapadas, calcando o sapê brabão ou areias de cor em cimento formadas, e cruzando somente com gado transeunte ou com algum boi sozinho caminhador. E como cada vereda, quando beirávamos por seu resfriado, acenava para a gente um fino sossego sem notícia — todo buritizal e florestal: ramagem e amar em água.

Rios, ribeiros, morros, caminhos, palmeiras e flores; barro, areia na chuva ou no vento, de noite ou de dia, ao calor e ao frio, silenciosos e ruidosos — pois é a toda a sua vida que assistimos. Perto do Rio das Velhas decorrem cenas idílicas onde ponteia o canto dos pássaros, sobretudo o "manuelzinho-da--croa", espécie de encarnação da ternura. No *liso* do Sussuarão há um abafamento de deserto, cuja secura e aridez penetram nos personagens e no leitor, cerceando a vontade. A planície do Tamanduá-tão se estende ao pé dos morros, delimitada e pronta para o grande combate. Plainos onde se galopa, serras onde os cavalos se arrastam; campos cinzentos, com taperas de palma ou fazendões de adobe; várzeas floridas, currais e povoados. A cada passo, a realidade tangível desse norte de Minas, estendido até o Piauí, onde o homem do Sul é um estranho. Dobrados sobre o mapa, somos capazes de identificar a maioria dos topônimos e o risco aproximado das cavalgadas. O mundo de Guimarães Rosa parece esgotar-se na observação.

Cautela, todavia. Premido pela curiosidade o mapa se desarticula e foge. Aqui, um vazio; ali, uma impossível combinação de lugares; mais longe, uma rota misteriosa, nomes irreais. E certos pontos decisivos só parecem existir como invenções. Começamos então a sentir que a flora e a topografia obedecem frequentemente a necessidades da composição; que o deserto é sobretudo projeção da alma, e as galas vegetais simbolizam traços afetivos. Aos poucos vemos surgir um universo fictício, à medida que a realidade geográfica é recoberta pela natureza convencional.

Desdobremos bem o mapa. Como um largo couro de boi, o Norte de Minas se alastra, cortado no fio do lombo pelo São Francisco — acidente físico e realidade mágica, curso d'água e deus fluvial, eixo do Sertão.

Rio é só o São Francisco, o Rio do Chico. O resto pequeno é *vereda*. E algum ribeirão.

O São Francisco partiu minha vida em duas partes.

Atentando para a sua função no livro, percebemos com efeito que ele divide o mundo em duas partes qualitativamente diversas: o lado direito e o lado esquerdo, carregados do sentido mágico-simbólico que esta divisão representa para a mentalidade primitiva. O direito é o fasto; nefasto o esquerdo. Na margem direita a topografia parece mais nítida; as relações, mais normais. Margem do grande chefe justiceiro Joca Ramiro; do artimanhoso Zé Bebelo; da vida normal no Curralinho; da amizade ainda reta (apesar da revelação na Guararavacã do Guaicuí) por Diadorim, mulher travestida em homem. Na margem esquerda a topografia parece fugidia, passando a cada instante para o imaginário, em sincronia com os fatos estranhos e desencontrados que lá sucedem. Margem da vingança e da dor, do terrível Hermógenes e seu reduto no alto Carinhanha; das tentações obscuras; das povoações fantasmais; do pacto com o diabo. Nela se situam, perdidos no mistério, os elementos mais estranhos do livro: o campo de batalha do Tamanduá-tão; as Veredas-Mortas; o *liso* do Sussuarão, deserto-símbolo; o arraial do Paredão, com "o diabo na rua, no meio do redemoinho"... Como compensação, o amado Urucuia; como flor e esperança de resgate, Otacília, da Fazenda Santa Catarina, nos Buritis Altos.

[...] ela eu conheci em conjuntos suaves, tudo dado e clareado [...]

A Fazenda Santa Catarina era perto do céu.

Nas águas do rio, eixo líquido, dá-se o encontro com o Menino, com Diadorim menino, que marcaria toda a vida do narrador e que lembra, em escala rústica, o de Stefan George com Maximin, descrito n'*O sétimo anel* como presença de valores transcendentes encarnados entre os homens. Simbolicamente, eles vão e vêm de uma a outra margem, cruzando e tocando as duas metades qualitativas do Sertão, do Mundo, pois Diadorim é uma experiência reversível que une fasto e nefasto, lícito e ilícito, sendo ele próprio duplo na sua condição.

Essa heterolateralidade (para usar um termo pedante, mas expressivo) mostra a coexistência do real e do fantástico, amalgamados na invenção e, as mais das vezes, dificilmente separáveis. Mostra-a, também, a análise da função exercida pela topografia, variável conforme a situação. Assim, o narrador procura no fim do livro o lugar chamado Veredas-Mortas, onde invocara o demônio, mas é informado de que se trata em verdade das Veredas-Altas — e o aparente local do contrato se evapora no mistério. Caso ainda mais típico é o do *liso*, que

> não concedia passagem a gente viva, era o *raso* pior havente, era um escampo dos infernos [...]. Água, não tem. Crer que quando a gente entesta com aquilo o mundo se acaba: carece de se dar volta, sempre. Um é que dali não avança, espia só o começo, só. Ver o luar alumiando, mãe, e escutar como quantos gritos o vento se sabe sozinho, na cama daqueles desertos. Não tem excremento, não tem pássaros.

Instigado por Diadorim, isto é, o jagunço Reinaldo — na verdade a moça Maria Deodorina, filha única disfarçada, de Joca Ramiro —, o chefe Medeiro Vaz decide cruzar o deserto a fim de surpreender a fazenda do traidor Hermógenes, em terra baiana. Mas a empresa falha; o bando não suporta as privações e retrocede, vencido pelo ermo. Ora, mais tarde, quando já se havia tornado chefe, o narrador Riobaldo empreende a travessia com relativa facilidade.

Rasgamos sertão. Só o real. Se passou como se passou, nem refiro que fosse difícil-ah; essa vez não podia ser! Sobrelégios? Tudo ajudou a gente, o caminho mesmo se economizava. As estrelas pareciam muito quentes. Nos nove dias atravessamos. Todos; bem, todos, tirante um. Que conto.

O que era — que o *raso* não era tão terrível? Ou foi por graças que achamos todo o carecido, não obstante no ir em rumos incertos, sem mesmo se percurar? De melhor em bom, sem os maiores notáveis sofrimentos, sem em-errar ponto.

Portanto, o *liso* é simultaneamente transponível e intransponível, porque a sua natureza é mais simbólica do que real. O autor dá algumas indicações aproximadas da sua localização; e além da lagoa Sussuarana, que os mapas registram, deve haver uma dura caatinga. No livro, porém, o que interessa é o seu mistério; ele varia conforme circunstâncias que nada têm a ver com a geografia e que se explicam por outros motivos, a exemplo do que vem expresso na frase: "essa vez não podia ser [difícil]". A travessia se deu porque o chefe mudara, conforme veremos. A variação da paisagem, inóspita e repelente num caso, sofrível no outro, foi devida ao princípio de adesão do mundo físico ao estado moral do homem, que é uma das partes da visão elaborada neste livro:

[...] sertão é onde o pensamento da gente se forma mais forte que o poder do lugar.

— Sertão não é malino nem caridoso, mano oh mano!: — ... ele tira ou dá, ou agrada ou amarga, ao senhor, conforme o senhor mesmo.

O homem

A outra parte é simetricamente inversa, porque os homens, por sua vez, são produzidos pelo meio físico. O Sertão os encaminha e desencaminha, propiciando um comportamento adequado à sua rudeza.

> Lugar sertão que se divulga: é onde os pastos carecem de fechos; onde um pode torar dez, quinze léguas, sem topar com casa de morador; e onde criminoso vive o seu cristo-jesus, arredado do arrocho de autoridade.

Essas condições fazem da vida uma cartada permanente ("viver é muito perigoso") e obrigam as pessoas a criar uma lei que colide com a da cidade e exprime essa existência em fio de navalha. Zé Bebelo, o pitoresco José Rebelo Adro Antunes (que aliás se inspirava no modo-de-ser do grande Joãozinho Bem-Bem, "de redondeante fama"), deseja civilizá-lo e promove uma espécie de cruzada, equipando cerca de mil homens com beneplácito e apoio do Governo,

> dizendo que, depois estável que abolisse o jaguncismo, e deputado fosse, então reluzia perfeito o Norte, botando pontes, baseando fábricas, remediando a saúde de todos, preenchendo a pobreza, estreando mil escolas;

e bradava:

> — Sei seja de se anuir que sempre haja vergonheira de jagunços, a sobrecorja? Deixa, que, daqui a uns meses, neste nosso Norte não se vai mais ver um qualquer chefe encomendar para as eleições as turmas sacripantes, desentrando da justiça, só para tudo destruírem, do civilizado e do legal!

Derrotado pelos jagunços, julgado numa cena onde o livro alcança o nível da mais alta literatura, a principal acusação que recebe é a de querer mudar a lei que rege aqueles homens:

> — O Senhor veio querendo desnortear, desencaminhar os sertanejos do seu velho costume de lei... [...] O Senhor não é do sertão. Não é da terra...

Na pena de um estilista sutil como Guimarães Rosa, e considerando os seus processos de expressão, pode-se imaginar que o "desnortear" mencionado signifique também "des-Nortear", ou seja, tirar a qualidade própria do Norte, que leva os seus habitantes à necessidade de *fazer* a lei, recorrendo necessariamente à guerra dos bandos. De tal modo que o próprio Zé Bebelo ("cidadão e candidato") acaba por tornar-se jagunço, procurando, como os demais, afeiçoar o Mundo à pauta dos fortes. "Esses homens! Todos puxavam o mundo para si, para o concertar consertado. Mas cada um só vê e entende as coisas dum seu modo."

Por isso o indivíduo avulta e determina: manda ou é mandado, mata ou é morto. O Sertão transforma em jagunços os homens livres, que repudiam a canga e se redimem porque pagam com a vida, jogada a cada instante. Raros são apenas bandidos, e cada um chega pelos caminhos mais diversos.

> Montante o mais supro, mais sério — foi Medeiro Vaz. Que um homem antigo... Seu Joãozinho Bem-Bem, o mais bravo de todos, ninguém nunca pôde decifrar como ele por dentro consistia. Joca Ramiro — grande homem príncipe! — era político. Zé Bebelo quis ser político, mas teve e não teve sorte: raposa que demorou. Sô Candelário se endiabrou, por pensar que estava com doença má. Titão Passos era pelo preço de amigos: só por via deles, suas mesmas amizades, foi que tão alto se ajagunçou. Antônio Dó — severo bandido. Mas por metade; grande maior metade

que seja. Andalécio, no fundo um homem-de-bem, estouvado, raivoso em sua toda justiça. Ricardão, mesmo, queria ser rico em paz: para isso guerreava. Só o Hermógenes foi que nasceu formado tigre, e assassim.

Nesta classificação perpassa a gama dos motivos que formam o valentão sertanejo. Caso mais puro, no sentido em que estamos falando, foi o de Medeiro Vaz, "o rei dos Gerais": concluindo que no Sertão a justiça depende de cada um, pôs fogo à fazenda dos avós e saiu a chefiar bandos. Marcelino Pampa, este "era ouro", e

> não se vê outro assim, com tão legítimo valor, capaz de ser e valer, sem querer parecer [...]. De certo dava para grande homem-de-bem, caso se tivesse nascido em grande cidade.

Assim, o Sertão faz o homem.
Mas o jagunço de Guimarães Rosa não é salteador; é um tipo híbrido entre capanga e homem-de-guerra. O verbo que os personagens empregam para descrever a sua atividade é "guerrear", qualificando-se a si mesmos de "guerreiros" e opondo-se, na força do arrojo, às artes sedativas da paz, como vêm encarnadas, por exemplo, no curioso personagem do fazendeiro seô Habão, contra cuja esperteza e diligência amolece a inteireza do jagunço.

> O que me dava a qual inquietação, que era de ver: conheci que fazendeiro-mor é sujeito de terra definitivo, mas que jagunço não passa de ser homem muito provisório.

No código do jagunço, roubar é crime, mas cabe a coleta de tributos — extorsões em dinheiro e requisições de gado, para manter o bando.

Se houve no norte de Minas bandos permanentes tão vultosos quanto os que aqui aparecem, a sua ética e a sua organização não teriam talvez o caráter elaborado que o romancista lhes dá. De fato, percebemos que assim como acontece em relação ao meio, há um homem fantástico a recobrir ou entremear o sertanejo real; há duas humanidades que se comunicam livremente, pois os jagunços são e não são reais. Sobre o fato concreto e verificável da jagunçagem, elabora-se um romance de Cavalaria, e a unidade profunda do livro se realiza quando a ação lendária se articula com o espaço mágico.

Nos dias em que foi lançado *Grande sertão: veredas*, José Geraldo Vieira, com a habitual acuidade, me chamou a atenção para essa genealogia medieval; de fato ela ajuda a esclarecer a lógica do livro e leva a investigar os elementos utilizados para transcender a realidade do banditismo político, que aparece então como avatar sertanejo da Cavalaria.[2]

Há mais de uma afinidade entre as duas esferas, pois também o paladino foi a única possibilidade de "consertar" um mundo sem lei. Daí possuírem ambos uma ética peculiar, corporativa, que obriga em relação ao grupo, mas liberta em relação à sociedade geral. Os jagunços deste livro se regem por um código bastante estrito, um verdadeiro bushido, que regula a admissão e a saída, os casos de punição, os limites da violência, as relações com a população, a hierarquia, a seleção do chefe. E da jagunçagem remontam à lenda.

Isso posto, explicam-se as batalhas e os duelos, os ritos e práticas, a dama inspiradora, Otacília, no seu retiro, e até o travestimento de Maria Deodorina da Fé Bettancourt Marins no guerreiro Reinaldo (nome cavaleiresco entre todos), filha que

---

[2] Cavalcanti Proença estudou este aspecto com minúcia e brilho no citado *Trilhas no Grande sertão*, cap. II: "Dom Riobaldo do Urucuia cavaleiro dos campos gerais".

era de um paladino sem filhos, como a do romance incluído por Garrett no *Romanceiro*:

> Dai-me armas e cavalo
> E eu serei filho varão.

Do mesmo modo por que, no *Orlando furioso*, a guerreira Bradamante pena de ciúme por Rogério e abate o feroz Rodomonte, Deodorina (que para Riobaldo tem um nome ambíguo, Diadorim) sofre com o bem-querer do narrador por Otacília e vence o traidor Hermógenes. Mas, semelhante nisso a Clorinda, da *Jerusalém libertada*, morre em combate e a sua identidade é descoberta.

O comportamento dos jagunços não segue o padrão ideal dos poemas e romances de Cavalaria, mas obedece à sua norma fundamental, a lealdade; e não há dúvida que também para eles a carreira das armas tem significado algo transcendente, de obediência a uma espécie de dever. No melhor dos casos, o senso de serviço, que é o próprio fundamento da Cavalaria.

Em compensação, a conduta real os aproxima bastante do cavaleiro como realmente existiu, e que foi, afinal de contas, um jagunço ao seu modo, desempenhando função parecida numa sociedade sem poder central forte, baseada, como a do Sertão, na competição dos grupos rurais. Os castelões praticavam normalmente a extorsão e o saque, tendo também como critério não a qualidade do ato, mas a distinção entre amigo e inimigo. Cavaleiros salteadores não faltaram, chegando em certos casos, como o dos *Raubritter* alemães, a constituir problema social dos mais graves. Nem é de espantar que um velho jagunço aposentado, no livro, lembre com saudosa volúpia a esfola dos soldados presos, com faca cega, depois de castrados. Uma das "flores da Cavalaria", Ricardo Coração de Leão, mandou certa vez a Filipe Augusto, com quem estava de luta, quinze cavaleiros franceses prisioneiros, amarrados em fila, de olhos vazados e o guia apenas caolho. O rei de França respondeu mandando catorze cavaleiros ingleses nas mesmas condições, mas conduzidos por uma mulher — o que foi reputado "boa traça", golpe de finura e superioridade.

Sinal interessante de contaminação dos padrões medievais é a carreira do narrador Riobaldo, de nascimento ilegítimo como tantos grandes paladinos, a começar por Roldão e Tristão. A princípio é uma espécie de escudeiro, adido a Hermógenes, a quem serve no combate; em seguida, após as provas de fogo, é armado cavaleiro, no gesto simbólico em que Joca Ramiro lhe dá o rifle; mais tarde alcança a chefia, após um ritual de iniciação e em consequência do sacrifício de outros chefes, como se verá daqui a pouco. Aliás, com este último traço nos encontramos em presença não apenas de elementos medievais, mas de certas constantes mais profundas, que estão por baixo das lendas e práticas da Cavalaria e vão tocar no lençol do mito e do rito.

Embora apontado como sucessor pelo moribundo Medeiro Vaz, Riobaldo não aceita; mas vai, aos poucos, amadurecendo para o comando, à medida que cultiva o alvo supremo de Diadorim (matar Hermógenes para vingar o assassínio de Joca Ramiro) e adquire a força íntima que permite as grandes decisões. Neste ponto, sente, como todo chefe legítimo, que tais decisões não cabem nem estão ao alcance dos que não possuem as mesmas virtudes de mando. Mas o modo pelo qual adquire certeza da própria capacidade vem simbolizado no pacto com o diabo. Conforme a ordem de ideias que estamos discutindo, este ato (provido de outros sentidos, como veremos) parece corresponder a um rito iniciatório equivalente ao de certos romances de Cavalaria, e até certo ponto da própria regra da Cavalaria Militante.

Como a prece, a vigília d'armas, as provações, o pacto significa, neste livro, caminho para adquirir poderes interiores necessários à realização da tarefa. No entanto, à primeira vista seria a negação da Cavalaria, que era voltada para valores cristãos, para a apropriação carismática de virtudes emanadas da própria divindade, como é notório, por exemplo, no ciclo da Távola Redonda. Consideremos, todavia, que estamos no Sertão, fantástico e real, onde a brutalidade impõe técnicas brutais de viver, onde os fenômenos de possessão religiosa, gerando beatos e fanáticos, diferem pouco, na sua natureza e consequência, dos que poderíamos atribuir à possessão demoníaca.

Para vencer Hermógenes, que encarna o aspecto tenebroso da Cavalaria sertaneja — cavaleiro felão, traidor do preito e da devoção tributados ao suserano —, é necessário ao paladino penetrar e dominar o reino das forças turvas. O diabo surge então, na consciência de Riobaldo, como dispensador de poderes que se devem obter; e como encarnação das forças terríveis que cultiva e represa na alma, a fim de couraçá-la na dureza que permitirá realizar a tarefa em que malograram os outros chefes.

Aceito este modo de ver, a cena do pacto, na encruzilhada das Veredas-Mortas, representa um tipo especial de provação iniciatória, um ritual de sentido mágico-religioso, parecido com a prova da Capela Perigosa, nas lendas do Gral.[3] Como se trata para Riobaldo, nessa iniciação às avessas, de assimilar as potências demoníacas que abrem caminho a todas as ousadias, a situação é necessariamente marcada por uma certa atmosfera de opressivo terror, parte, aliás, de muitos ritos de passagem. E o ambiente noturno das Veredas-Mortas equivale ao

---

[3] Sobre a Capela Perigosa e o seu provável caráter iniciatório, ver: Jessie L. Weston, *From Ritual to Romance*. Nova York: Doubleday, 1957, cap. XIII: "The Perilous Chapel".

da Capela Perigosa, como vem, por exemplo, sintetizado na parte final de *The Waste Land*, de Eliot:

> *In this decayed hole among the mountains*
> *In the faint moonlight, the grass is singing*
> *Over the tumbled graves, about the chapel*
> *There is the empty chapel, only the wind's home.*
> *It has no windows, and the door swings,*
> *Dry bones can harm no one.*
> *Only a cock stood on the rooftree*
> *Co co rico coco rico*
> *In a flash of lightning.*

Cumprido o rito, o narrador aparece marcado pelo sinal básico da teoria iniciatória: a mudança do ser. O iniciado, pela virtude das provas a que se submeteu, renasce praticamente, havendo um grande número de sociedades que fazem a iniciação consistir na simulação da morte seguida de ressurreição. Em *Grande sertão: veredas*, Riobaldo sai transformado — endurecido, arbitrário, roçando a crueldade, na prepotência das funções de mando que logo assume, em contraste com a situação anterior, em que as tinha rejeitado. Mesmo o seu sentimento por Diadorim — que, apesar da revelação na Guararavacã do Guaicuí, tinha permanecido nos limites da dúvida, ou pelo menos da severa repressão — desponta com certa agressividade, como se os impulsos estranhos (dada a ignorância do verdadeiro sexo do amigo) tendessem agora a manifestar-se, com a sanção do pacto. É Diadorim, aliás, quem nota imediatamente a mudança, chegando a perguntar "se alguém te botou malefício".

Esta transformação, este ingresso numa certa ordem de ferocidade adequada à vitória, que pretende e obtém sobre o mal (Hermógenes), através do mal (o pacto), é completada por outros sinais de caráter mágico, como a adoção do nome de guerra que Zé Bebelo lhe pusera vagamente, e quase por pilhéria, mas que agora é assumido no significado pleno: Urutu Branco. Como sabemos, os ritos de passagem comportam muitas vezes a atribuição ou acréscimo de um nome, ou revelação do nome verdadeiro, conservado secreto. Em nossos costumes, é o que se pode verificar no batismo e na crisma. Por último, num traço típico dos livros de Cavalaria, ele adquire o animal de exceção, o Cavalo Siruiz, fogoso, belo, inteligente, infatigável, lembrando a família mágica dos corcéis encantados, que com as armas encantadas completam o equipamento do cavaleiro e permitem operar prodígios.

Além destes, há outros aspectos de caráter mágico ou ritual que ponteiam a sua carreira. Num plano profundo, a sucessão de chefes que morrem ou se afastam, mas em todo caso cedem lugar, poderia ser comparada a uma série de imolações, mediante as quais a energia vai se conservando no grupo até concentrar-se em Riobaldo, herdeiro que encarna significativamente um pouco de cada predecessor.

No bando que ocupa o vértice da narrativa, a sucessão de Joca Ramiro cabe a Medeiro Vaz; morto este, passa brevemente a Marcelino Pampa, e logo a Zé Bebelo, do qual é arrebatado pelo narrador. Ao ritual da Capela Perigosa, junta-se esse vislumbre de simbolismo sacrificial para compor o plano profundo do livro, acentuando o revestimento mágico do jagunço paladino. Com efeito, à maneira da imolação do rei para garantir a força vital, e em última análise a fertilidade da terra — que constitui a mola duma quantidade de práticas e mitos, de ficções e rituais, e aparece estudada exaustivamente na grande obra de Frazer;[4] à maneira

---

[4] Sobre o sacrifício dos reis, seu significado e sua função, ver: Sir James George Frazer, *The Golden Bough: A Study in Magic and Religion*. 3. ed. 13 v. Nova York: Macmillan, 1951, 3ª Parte (v. III): "The Dying God".

daquela imolação, pois, a sucessão dos chefes garante a perpetuação da energia guerreira, que se encarna finalmente em Riobaldo, cognominada primeiro Tatarana, depois Urutu Branco. Produto do Sertão, a força do jagunço paladino depende da força da terra; por sua vez ele é a lei desta terra, e para o ser com eficácia necessita viver uma sequência de atos e padecimentos cuja raiz, de tão funda, escapa à nossa atenção, mergulhando nas relações primordiais do homem com a terra, que deve ser propiciada para viver e dar vida, como nos ritos agrários.

Estas considerações sobre o poder recíproco da terra e do homem nos levam à ideia de que há em *Grande sertão: veredas* uma espécie de grande princípio geral de reversibilidade, dando-lhe um caráter fluido e uma misteriosa eficácia. A ela se prendem as diversas ambiguidades que revistamos, e as que revistaremos daqui por diante. Ambiguidade da geografia, que desliza para o espaço lendário; ambiguidade dos tipos sociais, que participam da Cavalaria e do banditismo; ambiguidade afetiva, que faz o narrador oscilar, não apenas entre o amor sagrado de Otacília e o amor profano da encantadora "militriz" Nhorinhá, mas entre a face permitida e a face interdita do amor, simbolizada na suprema ambiguidade da mulher-homem que é Diadorim; ambiguidade metafísica, que balança Riobaldo entre Deus e o Diabo, entre a realidade e a dúvida do pacto, dando-lhe o caráter de iniciado no mal para chegar ao bem. Estes diversos planos da ambiguidade compõem um deslizamento entre os polos, uma fusão de contrários, uma dialética extremamente viva — que nos suspende entre o ser e o não ser para sugerir formas mais ricas de integração do ser. E todos se exprimem na ambiguidade inicial e final do estilo, a grande matriz, que é popular e erudito, arcaico e moderno, claro e obscuro, artificial e espontâneo.

Assim, vemos misturarem-se em todos os níveis o real e o irreal, o aparente e o oculto, o dado e o suposto. A soberania do romancista, colocado na sua posição-chave, a partir da qual são possíveis todos os desenvolvimentos virtuais, nos faz passar livremente duma esfera a outra. A coerência do livro vem da reunião de ambas, fundindo o homem e a terra e manifestando o caráter uno, total, do Sertão-enquanto-Mundo.

O problema

É claro que essas interpretações são arbitrárias; além disso, iluminam apenas um dos muitos lados da obra, visando contribuir para que o leitor esqueça ao menos provisoriamente os pendores naturalistas, a fim de penetrar nessa atmosfera reversível, onde se cortam o mágico e o lógico, o lendário e o real. Só assim poderá sondar o seu fundo e entrever o intuito fundamental, isto é, o angustiado debate sobre a conduta e os valores que a escoltam.

Dir-se-á que todo livro de vulto acaba neste problema; mas em literatura o que interessa é a maneira escolhida para abordá-lo. Aqui, além do que ficou indicado, o *tonus* é devido à crispação incessante do narrador em face dos atos e sentimentos vividos, traduzidos pela recorrência dos torneios de expressão, elaborados e reelaborados a cada página em torno das obsessões fundamentais. Deve-se ainda ao símbolo escolhido para dinamizar a recorrência (o pacto com o demônio), que representa as caudalosas águas turvas da personalidade. Esse é o princípio, a ideia que enforma *Grande sertão: veredas*, e em relação a ele o demônio adquire significado algo diferente do que vimos. Quando se tratava da inserção de Riobaldo na sua tarefa (ou missão), importou ressaltar o aspecto de instrumento iniciatório; mas se encararmos a individualidade de Riobaldo, a sua condição singular de homem, o demônio volta a simbolizar, como para Fausto ou Peter Schlemihl, a tentação e o mal.

O grande problema, para o narrador, é a existência dele: existe ou não? Em princípio, sente que é um nome atribuído à parte torva da alma:

> Explico ao senhor: o diabo vive dentro do homem, os crespos do homem — ou é o homem arruinado, o homem dos avessos. Solto, por si, cidadão, é que não tem diabo nenhum. Nenhum! — é o que digo.

Mas uma dúvida sempre fica:

> Eu, pessoalmente, quase que já perdi nele a crença, mercês a Deus; é o que ao senhor lhe digo, à puridade.

Invocou-o nas Veredas-Mortas e ele não apareceu fisicamente. Isto lhe serve para tentar se convencer de que realmente não houve pacto. Por outro lado, não pode fugir à evidência da própria mudança, após a noite em que *desejou* vê-lo; depois dela é que foi capaz de realizar coisas prodigiosas, inclusive a referida travessia do Sussuarão, fechado ao comum dos homens e docilmente aberto ao seu mando. Daí a palavra que o autor inventou, no texto citado mais alto, para sugerir, conforme os seus processos lexicogênicos, a operação de um sortilégio sobrenatural: "Sobrelégio"? E como tem consciência de que a manifestação concreta não é necessária para demonstrar a existência do *Cujo* — mais princípio do que ente — permanece, no fundo, amarrado a ele, que se torna de certo modo o grande personagem, tanto mais obsedante quanto menos palpável. No *Spleen de Paris*, disse Baudelaire que "a mais bela artimanha do diabo é persuadir que não existe"; em Riobaldo ela produziu pleno efeito ("Quem muito se evita se convive").

Mas por que o demônio em tudo isso? Porque nada encarnaria melhor as tensões da alma, nesse mundo fantástico, nem explicaria mais logicamente certos mistérios inexplicáveis do Sertão. A amizade ambígua por Diadorim aparece como primeiro e decisivo elemento que desloca o narrador do seu centro de gravidade. Levado a ele (ou a ela) por um instinto poderoso que reluta em confessar a si próprio, e ao mesmo tempo tolhido pela aparência masculina — Riobaldo tergiversa e admite na personalidade um fator de desnorteio, que facilita a eclosão de sentimentos e comportamentos estranhos, cuja possibilidade se insinua pela narrativa e o vão lentamente preparando para as ações excepcionais, ao obliterar as fronteiras entre lícito e ilícito.

[...] Diadorim é a minha neblina...

Que vontade era de pôr meus dedos, de leve, o leve, nos meigos olhos dele, ocultando, para não ter de tolerar de ver assim o chamado, até que ponto esses olhos, sempre havendo, aquela beleza verde, me adoecido, tão impossível.

[...] eu dele era louco amigo, e concebia por ele a vexável afeição que me estragava, feito um mau amor oculto [...].

Ele fosse uma mulher, e à-alta e desprezadora que sendo, eu me encorajava: no dizer paixão e no fazer — pegava, diminuía: ela no meio de meus braços! Mas dois guerreiros, como é, como iam poder se gostar, mesmo em singela conversação por detrás de tantos brios e armas? Mais em antes se matar, em luta, um ou outro. E tudo impossível. Três-tantos impossível, que eu descuidei, e falei. — *...Meu bem, estivesse dia claro, e eu pudesse espiar a cor de seus olhos...* — o disse, vagável num esquecimento, assim como estivesse pensando somente, modo se diz um verso.

O demônio surge, então, como acicate permanente, estímulo para viver além do bem e do mal; e bem pesadas as coisas, o homem no Sertão, o homem no Mundo, não pode existir doutro modo a partir duma certa altura dos problemas. "Viver é muito perigoso" — repete Riobaldo a cada passo; não só pelos acidentes da vida, mas pelas dificuldades em saber como vivê-la.

O senhor escute o meu coração, pegue no meu pulso. O senhor avista meus cabelos brancos... Viver — não é? — é muito perigoso. Porque ainda não se sabe. Porque aprender a viver é que é o viver mesmo. O sertão me produz, depois me cuspiu do quente da boca...

Travessia perigosa, mas é a da vida. Sertão que se alteia e se abaixa.

Afirmo ao senhor, do que vivi: o mais difícil não é um ser bom e proceder honesto; dificultoso, mesmo, é um saber definido o que quer, e ter o poder de ir até o rabo da palavra.

Daí o esforço para abrir caminho, arriscando perder a alma, por vezes, mas conservando a integridade do ser como de algo que se sente existir no próprio lanço da cartada. A ação serve para confirmar o pensamento, para dar certeza da liberdade.

Ao que naquele tempo, eu não sabia pensar com poder. Aprendendo eu estava? Não sabia pensar com poder — por isso eu matava.

Mas liberdade — aposto — ainda é só alegria de um pobre caminhozinho, no dentro do ferro de grandes prisões. Tem uma verdade que se carece de aprender, do encoberto, e que ninguém não ensina: o beco para a liberdade se fazer.

A vida perigosa força a viver perigosamente, tendendo às posições extremas a que podem levar a coragem, a ambição, o dever. Pelo menos duas vezes ocorre na fala do narrador um conceito que exprime este movimento, fundamental na ética do livro e na estrutura dos seus acontecimentos, e que encontramos, quase com as mesmas palavras, nas "Considerações sobre o pecado, a dor, a esperança e o verdadeiro caminho", de Kafka, onde vem formulado assim: "A partir de um certo ponto não há mais retorno. Esse é o ponto que se precisa atingir". Riobaldo caminha para ele e o alcança através do pacto, que é ao mesmo tempo ascese (sob o aspecto iniciatório) e compromisso (sob o aspecto moral), confirmando a sua qualidade de jagunço.

O jagunço, sendo o homem adequado à terra ("o Sertão é o jagunço"), não poderia deixar de ser como é; mas ao manipular o mal, como condição para atingir o bem possível no Sertão, transcende o estado de bandido. Bandido e não bandido, portanto, é um ser ambivalente, que necessita revestir-se de certos poderes para definir a si mesmo. O pacto desempenha esta função na vida do narrador, cujo Eu, a partir desse momento, é de certo modo alienado em benefício do Nós, do grupo a que o indivíduo adere para ser livre no Sertão, e que ele consegue levar ao cumprimento da tarefa de aniquilar os traidores, "os Judas". Graças a isto é vencida, pelo menos na duração do ato, a ambiguidade do jagunço, que se fez integralmente paladino. Tanto que Riobaldo não prossegue nas armas e se retira, acompanhado por grande parte dos seus fiéis. Os seus feitos tenderam, mesmo, a aniquilar a condição de jagunço-bandido, e ele se justifica aos próprios olhos nessa negação do ser de exceção, em benefício da existência comum, na fazenda que herdou do padrinho (e pai), ao lado de Otacília, prêmio das andanças.

> [...] o que mormente me fortalecia, foi o repetido saber que eles pelo sincero me prezavam, como talentoso homem de bem, e

louvavam meus feitos: eu tivesse vindo, corajoso, para derrubar o Hermógenes e limpar estes gerais da jagunçagem.

Renunciando aos altos poderes que o elevaram por um instante acima da própria estatura, o homem do Sertão se retira na memória e tenta laboriosamente construir a sabedoria sobre a experiência vivida, porfiando, num esforço comovedor, em descobrir a lógica das coisas e dos sentimentos. "E me inventei neste gosto, de especular ideias." Desliza, então, entre o real e o fantástico, misturados na prodigiosa invenção de Guimarães Rosa como lei da narrativa. E nós podemos ver que o real é ininteligível sem o fantástico, e que ao mesmo tempo este é o caminho para o real. Nesta grande obra combinam-se o *mito* e o *logos*, o mundo da fabulação lendária e o da interpretação racional, que disputam a mente de Riobaldo, nutrem a sua introspecção tateante e extravasam sobre o Sertão.

***

Se o leitor aceitou as premissas deste ensaio, verá no livro um movimento que afinal reconduz do mito ao fato, faz da lenda símbolo da vida e mostra que, na literatura, a fantasia nos devolve sempre enriquecidos à realidade do cotidiano, onde se tecem os fios da nossa treva e da nossa luz, no destino que nos cabe. "A gente tem de sair do sertão! Mas só se sai do sertão é tomando conta dele a dentro…" Entremos nessa realidade fluida para compreender o Sertão, que nos devolverá mais claros a nós mesmos e aos outros. O Sertão é o Mundo.

EXTRAPROGRAMA
Melodia impura

> *La beauté est une promesse de bonheur.*
> Stendhal

Beyle e a emoção

Uma das coisas mais patéticas na história da literatura foi a porfiada busca da felicidade a que se aplicou Stendhal — sempre frustrado em tudo a que aspirou. Passou quase obscuro pela vida, enganado ou repelido pelas mulheres, incompreendido pelos amigos, menosprezado pelos governos, apertado de dinheiro. Era tímido e ambicioso, materialista e sonhador, aristocrático e liberal. Gostava da vida alegre, mas não perdia de vista a iniquidade política; ante os poderosos, passava da irreverência à submissão, e para conservar o emprego depois da queda de Napoleão, invocou oficialmente a fidelidade legitimista dos seus, que sempre lhe causara o maior desprezo. Era contraditório, portanto, e desenvolveu um pudor extremo que o levava a dissimular o Eu, dando frequentemente impressão desfavorável de cinismo e grosseria de sentimentos — ele, cuja sensibilidade de arminho foi revelada pelos escritos pessoais.

Tendo encontrado Byron em Milão, anota as impressões com um fervor admirável e reverente que, se tivesse aparecido na atitude, haveria por certo de cativar o grande poeta e seus amigos. Mas isso ficou para as notas. Na realidade, mentiu, contou vantagens e anedotas, suscitando a opinião menos lisonjeira registrada no diário de Hobhouse. E assim foi sempre, ocultando-se, mostrando uma alegria artificial, assumindo a vulgaridade quase por desespero.

Esses traços sugerem a fragilidade do homem e a força do escritor; pois enquanto Beyle se comprometeu às vezes na inépcia de uma vida mal conduzida, ou na aparência de um caráter nem sempre brilhante, Stendhal recuperou a cada passo a integridade com papel e tinta, registrando o contorno real da sua alma para manter o equilíbrio. E tal foi a intensidade com que viveu por escrito, que a vida se tornou, sem que ele percebesse, e ao contrário do que afirmava, pretexto para a obra. Se há um vislumbre de acerto no juízo desagradável de Claudel sobre *"ce gros philistin de Beyle"* (o homem), ele falha em quanto concerne a *Stendhal* (o escritor), pois jamais houve quem escrevesse com tamanha retidão e amor ao verdadeiro, mesmo quando mentia, plagiava ou dissimulava (seguindo a parte de uma parte de Beyle...).

No entanto, seria pouco exato falar de uma "dupla vida", como fizeram dois críticos um pouco sensacionalistas, Boncompagne e Vermale. Não há um meridiano separando Beyle de Stendhal; quando muito, há escritos em que Beyle se impõe demasiado, com prejuízo do escritor total; e, em compensação, certos passos da vida em que os traços ideais do pseudônimo recobrem o homem com vantagem. Resulta um patético Stendhal-Beyle, em cujas veias se misturam sangue e tinta de escrever, justificando a vida pelos escritos e escrevendo para suprir a vida. Um homem que busca encarniçadamente a felicidade e vai mostrando várias faces no combate infrutífero.

* * *

Uma das chaves que abrem esse mundo complexo, onde ficções e imagens entremeiam o cotidiano, é a emoção — concebida como sistema de sensações, cujo papel na sua obra nunca é assaz lembrado.

No meio dos românticos, todos mais ou menos espiritualistas (ainda que por atitude ou por metáfora), sobressai o seu firme, admirável materialismo, baseado em parte na convicção de que a vida psíquica se desenvolve a partir da sensação, culminando numa espécie de geometria moral. Em consequência, duas atitudes aparentemente contraditórias, mas na verdade contínuas: supervalorizar a dispersão do Eu pelo abandono às impressões e, ao mesmo tempo, a sua máxima concentração, pelo esforço de dirigir logicamente a vida, segundo um plano traçado a partir do desejo de ver claro no Eu e no mundo.

Em ambos os casos, nota-se a marca vivaz dos seus mestres "ideólogos", sobretudo Destutt de Tracy, que, superando o sensorialismo mecanicista de Condillac, explicou a vida psíquica como totalidade de experiências, fundadas no conceito mais largo de sensibilidade. Segundo ele, o conhecimento era um aspecto desta, destacado por meio da memória, que conceitualiza a experiência vivida. Certas fórmulas dele terão feito a delícia do jovem Beyle, quando devorava os seus livros, por altura da virada do século:

> Para nós, sentir é tudo; é o mesmo que existir, pois a nossa existência consiste em sentir a existência, e as nossas percepções não passam de maneira de ser ou de existir.
>
> Pensar é sentir uma sensação. Pensar é sempre existir.
>
> Só existo pelo que sinto.

Dos "ideólogos" extraiu a ideia de que as experiências complexas se decompõem em fatos elementares, os quais é possível conhecer a fim de orientar as suas combinações mais favoráveis. Esse determinismo, com que se animou e talvez se iludiu a vida toda, levou-o a esboçar uma teoria estrita da composição literária, que malogrou quando foi aplicada muito deliberadamente, como é o caso das peças de teatro. Quando, porém, atuou automaticamente, como algo incorporado ao subconsciente criador, deu arcabouço às obras feitas em bruscos jorros de inspiração (como demonstrou Jean Prévost), permitindo alcançar aquela coerência com que deixava fluir a mais livre fantasia.

Stendhal era incapaz de inventar um sistema fictício. O culto à experiência, ao fato constatado, assim como o amor à concatenação, levou-o sempre a tomar como ponto de partida algo concreto e quase sempre meio elaborado: processo Berthet, em *Vermelho e preto*; histórias renascentistas, nas *Crônicas italianas* e n'*A cartuxa de Parma*; romance manuscrito de Madame Gaulthier, no *Lucien Leuwen*. Para alguém tão convencido da realidade da experiência, a sensação e a impressão de leitura eram células germinais da criação fictícia, que aparecia sempre como um processo de organização do material sentido — isto é, na terminologia "ideológica" —, experimentado e pensado. Daí haver nele um ligamento fecundo entre plágio e criação, pois os escritos de outros serviam como estímulo concreto, como material vivido e elaborado, que ele organizava segundo as exigências do seu gênio criador.

Esse império dos estímulos sobre a sua vida e a sua obra une Beyle a Stendhal e indica a procura da emoção como alvo, tanto numa quanto noutra (nos piores casos, desanda respectivamente em plágio e epicurismo, compondo na sua máscara o esgar que desagradava Claudel); a busca da emoção nos traz de volta às pesquisas da felicidade, que a ela se prendia no seu modo de ver. A obra se desenvolve como criação de emoções ideais (o "belo ideal" era um dos seus conceitos prediletos) em benefício do leitor, depois de ter beneficiado ele próprio. A partir delas tudo se organiza, inclusive os rigorosos projetos de vitória sobre a sociedade, concebidos, seja como volúpia da autoafirmação, seja como instrumento para ampliar as possibilidades de sentir.

Obsedado por esse desejo de experimentar e vibrar, o mundo e os seres lhe interessam sobretudo como fontes de emoção, das quais nascem as ideias que elabora e mediante as quais vai tentar a conduta racional, que desvenda a geometria da felicidade. Daí se inspirar mais nas coisas, nas situações, nos fatos, do que nas abstrações dos outros. "Acabo de passar três horas com gente inteligente. Fugi para não perder as minhas ideias." E este trecho magnífico, cheio da magia italiana, que tanto procurava:

> Experimento nessa região um encanto que não consigo explicar: parece o amor, e no entanto não estou amando ninguém. A sombra das belas árvores, a beleza do céu durante a noite, o aspecto do mar, tudo, tudo possui para mim um encanto, uma força de impressão que me faz lembrar outra sensação, completamente esquecida, que experimentei aos dezesseis anos na minha primeira campanha. Vejo que não posso registrar o pensamento: os recursos de que lanço mão são débeis.
>
> A natureza aqui é mais emocionante; parece nova; não vejo mais nada de vulgar ou insípido. Frequentemente, às duas da manhã, voltando para casa, em Bolonha, por essas vastas arcadas, a alma obsedada pelos olhos admiráveis que acabava de ver, passando ante os palácios cujo vulto enorme é desenhado pelas sombras da lua, me acontecia parar, sufocado de felicidade, para dizer a mim mesmo: "Que beleza!". Contemplando as colinas cobertas de árvores que chegam até perto da cidade, alumiadas pela luz silenciosa de um céu fulgente, eu estremecia e as lágrimas me vinham aos olhos. — E me ocorre dizer, a propósito de qualquer coisa: Meu Deus, como fiz bem de vir à Itália!

Não pode haver texto mais significativo. O mundo é um arsenal de harmonias disponíveis que agitam a alma e predispõem o homem aos estados emocionais onde encontra felicidade. Stendhal sentiu tão vivamente essa necessidade, que construiu sobre um país real, a Itália, uma utopia que conseguiu manter sempre viva, como reserva inesgotável de sensações.

"A Itália que Stendhal descreve como romancista e historiador é sempre a Itália do seu sonho, ou melhor, é o seu sonho vestido de Itália", observou Benedetto Croce. Por isso mesmo, a obra de arte foi também para ele uma fonte de emoções, como a natureza; e o seu critério de valor era a reação psicológica despertada. Essa reação é prazer, formado de emoções tristes e alegres, que conduzem à felicidade, resultando um hedonismo bastante complexo, que não corresponde ao de um *"gros philistin"*. À medida que os textos se acumulam em nosso espírito, este vai minguando; mas seria igualmente errado substituí-lo por um idealista romântico. O que Stendhal recolhe das emoções é uma filosofia bem materialista de euforia terrena — uma planta cujo perfume dá vida, mesmo como seu travo de dor, e que ele procura obter nos jardins do amor e da música.

Música como pretexto

Sobre música escreveu dois livros e semeou a sua obra de impressões, mas não foi musicólogo ou mesmo crítico, ainda que em sentido lato. Foi, antes de mais nada, um diletante muito impuro, de gosto limitado em proporção ao interesse, que buscou e achou na música pretexto para sentir.

> A única realidade da música é o estado em que ela deixa a alma, e concedo aos moralistas que esse estado a predispõe poderosamente ao devaneio e às paixões ternas. (*Vie de Rossini*, I, p. 22)

Por isso ela foi, entre as que teve, a

> mais forte e dispendiosa, continuando aos cinquenta e dois anos mais viva do que nunca. Não sei quantas léguas faria a pé, ou a quantos dias de prisão me sujeitaria para escutar *Don Juan* ou o

Matrimonio Segreto, e não sei por que outra coisa seria capaz de fazer o mesmo esforço. (*Vie de Henry Brulard*, pp. 219-220)

Esta referência deve ser completada por outra (*Souvenirs d'égotisme*, p. 56) em que fica patente a limitação de gosto acima referida: "Eu amava apaixonadamente a música, mas unicamente a de Cimarosa e Mozart".

Aí temos os primeiros dados: o que buscava nela era a intensidade emocional, acessível apenas a quem sentiu "o fogo devorador das paixões", e era amador quase exclusivo de canto, segundo esclarecem vários textos, inclusive este, da *Correspondência*: "Um tal Rosaberg nos amolou ontem à noite com o seu violoncelo, mas a Camporese cantou divinamente, para mim, *Quelle Pupille tenere*, de Cimarosa" (V, p. 300); ou este outro, definitivo, do *Henry Brulard*: "Não tenho o menor gosto pela música puramente instrumental [...]. Só a melodia vocal me parece produto do gênio". Mas a afirmação deve ser restringida ainda mais, pois na verdade o que amava era a ópera: "[...] a própria música da Capela Sistina e a do coro do Capítulo de São Pedro não me causa prazer algum" (p. 344). E a prova dos nove é dada pelo fato de ter permanecido insensível ante a *Missa de Réquiem* do seu querido Mozart, justamente no período de iniciação deslumbrada e apesar da solene emoção do momento: nada menos que as exéquias de Haydn, a que fez questão de assistir, na Viena ocupada pelas tropas francesas (*Correspondência*, III, p. 190).

Se começarmos a enfileirar os textos, veremos sem dificuldade os motivos da preferência, vendo que procurava sobretudo certos estímulos emocionais, buscando-os onde eram facilmente apreensíveis. "Parece-me que a música só pode ter efeito sobre os homens estimulando a sua imaginação a produzir certas imagens análogas às paixões que os agitam" (*Vie de Rossini*, I, p. 15).

Querendo sentir as emoções do amor, da ternura, do júbilo, claramente expressas, recorria à música de teatro, que manifesta necessariamente um conteúdo proposto nas palavras do libreto, tornando-se veículo e receptáculo fácil para as sensibilidades sequiosas de emoção. Uma ária amorosa traz explícita a intenção do músico e faz o auditor colocar-se imediatamente na atitude adequada à percepção, mais viva do que nas outras artes devido à qualidade da excitação sensorial. "O que torna a música o mais arrebatador dos prazeres da alma [...] é o prazer físico extremamente vivo que a ela se mistura" (*Vie de Rossini*, I, p. 19). A volúpia contida num dueto da *Armida*, de Rossini, parecia-lhe tão patente que (narra no mesmo livro, II, p. 166) algumas senhoras se acanhavam em gabá-lo; e numa carta ao amigo Mareste menciona cruamente os efeitos dessa música sugestiva (*Correspondência*, V, p. 225).

Estabelecida a sua preferência pela ópera, convém lembrar uma divisão que separa, a respeito, compositores e amadores, para os quais, ou ela é primariamente um poema carregado de determinadas emoções, a que a música se ajusta como colaboradora, subordinando-se à palavra na medida em que explora até o limite as suas virtualidades sonoras e expressivas; ou é, sobretudo, uma partitura dotada de força emocional própria, a que as palavras apenas servem de pretexto. Estou esquematizando, naturalmente; mas essa dicotomia básica aparece como esqueleto sob as diversas combinações possíveis. A primeira posição é a dos que se preocupam com a ópera enquanto drama musical; a segunda, dos que a apreciam como sequência de oportunidades para ressaltar a beleza da voz.

Stendhal se colocou na segunda posição, despreocupando-se inteiramente de tudo que fosse estrutura para guardar apenas o encantamento pelo trecho, o *morceau* — célula de vibração emotiva invocada repetidamente nos seus escritos. Isso explica a sua amorosa tolerância pelos maus hábitos da ópera, inclusive no que diz respeito ao espetáculo, como é o caso da conversa dos espectadores entre os trechos mais belos, a desatenção durante as partes confiadas a cantores secundários (as famosas e pitorescas "árias do sorvete", durante as quais se tomavam efetivamente sorvetes e refrescos, e que os compositores faziam às vezes escrever por ajudantes). O que há de encantador no Stendhal diletante é essa disposição para buscar o prazer sem pedantismo, aderindo intelectualmente, nos escritos, às práticas musicais e teatrais que o proporcionavam, por mais impuras e mesmo achincalhantes que fossem. Ainda não chegara o momento em que Wagner iria transformar o espetáculo numa espécie de ritual.

Em consequência da busca de emoção claramente rotulada, portanto, aceitou e fez suas as piores atitudes em face do libreto, achando que não apenas é acessório, mas nem deve ser lido... As palavras servem ao compositor apenas como estímulo; basta ao ouvinte conhecer o assunto em geral e o primeiro verso de cada trecho, a fim de apreender o *tom* emocional que a música vai exprimir. A parte do poeta adquire certa importância no recitativo, que na ópera-bufa (gênero para ele superior a todos) era *seco*, isto é, falado, sem qualquer apoio musical. Nas árias o compositor domina, construindo sobre um pequeno número de versos, por mais estúpidos que sejam, o surto melódico em que reside a verdadeira força emotiva. Esta era determinada, segundo ele, principalmente pelo encanto e a capacidade expressiva da voz humana, que prezava sobre qualquer instrumento e reputava portadora de direitos soberanos. O cantor se equipara e por vezes supera o compositor, que deve prever larga margem de liberdade para as suas acrobacias — para os gorjeios e floreios que enxertava, sufocando a partitura e fazendo da ópera um pretexto de exibição vocal ao sabor dos imperiosos sopranos masculinos e femininos. Em pleno século XIX, depois de Gluck (que lhe desagradava enormemente), Stendhal continuava amador impávido do bel canto monstruoso do século anterior. Chegava a lamentar o fim dos castrati e, sobretudo o crime, que não perdoava a Rossini, de frear a indisciplina do cantor, moderando e escrevendo os ornatos que antes eram deixados ao seu arbítrio. Essa atitude, decisiva para a recuperação da ópera italiana, lhe parecia um atentado de lesa-voz.

Compreende-se, pois, que a música instrumental o desorientasse; não só ela priva o amador do elemento vocal, mas, ainda (salvo quando expressamente imitativa), não lhe fornece indicação clara das intenções psicológicas, que só existem nela em alto grau de depuração, revelando-se apenas mediante uma percepção da estrutura musical, a que era totalmente alheio o nosso Beyle. Para captá-la, é preciso um mínimo de sentido da forma, inexistente nesse caçador de conteúdos, para quem sentir música era decifrar imediatamente um lastro significativo.

Concebida como expressão de sentimentos, que se organizam no ouvinte ao seu impacto, a música era no fundo, para ele, pretexto para fruir certos estados de júbilo ou melancolia, que lhe agitavam a alma como experiência enriquecedora. Servia-lhe, ainda, de instrumento para obter emoções ou modos de ser que um amador exigente qualificaria de impuríssimos, e mesmo profanos. Era, por exemplo, o estímulo para devanear e refletir, esquecido da cadeia sonora que permanecia como pano de fundo para as excursões da mente; era, afinal, simples oportunidade mundana, promovendo nas frisas e corredores do teatro a reunião de uma sociedade variada e divertida, que se visitava nos entreatos e mesmo durante os atos, como era costume, animada pela euforia dos sons, transposta acima do cotidiano graças ao encantamento das emoções despertadas.

Quanto ao primeiro caso, veja-se este texto do *Henry Brulard*: "A boa música me faz pensar com mais intensidade e clareza no que me preocupa" (p. 264); o que de fato se pode verificar neste outro, dos *Pensamentos*: "Escutando ontem o *Matrimonio Segreto*: há a comédia que faz sorrir e a que faz rir" etc. E a coisa podia assumir aspectos quase grotescos, como numa entrada do *Diário*: "A boa música me faz lembrar os meus erros. Ontem, durante a *Criação*, de Haydn, vi que devo visitas a muita gente, a começar pelo Príncipe Arquichanceler..." (IV, p. 96).

Quanto à sociabilidade, os trechos são numerosíssimos. Gostava de ouvir música na Itália, onde o entusiasmo público se comunica, inclusive aos cantores, e todos vibram com sinceridade, ao contrário da França, onde cada um pensa antes de opinar e teme o ridículo. Nada mais delicioso, para ele, do que a convivência nos teatros, ao som de uma música que reputava propiciadora de relações amenas, fáceis e estimulantes. Sobretudo quando se tratava do Scala.

> Este teatro [registra no *Diário*] teve grande influência no meu caráter. Se eu me ocupar um dia em descrever como os acontecimentos da juventude formaram o meu caráter, o teatro *della Scala* estará na primeira linha. Quando eu entrava nele, bastava um pouco de emoção a mais, para me fazer sentir mal e romper em lágrimas. (IV, p. 243)

Este transbordamento vinha não só do ambiente, mas da admiração algo ingênua pelos recursos técnicos, que não encontrava noutro lugar:

> Digo que o Scala é o primeiro teatro do mundo, porque é o que faz ter o maior prazer na música. Não há uma lâmpada na sala, iluminada apenas pela luz dos cenários. Impossível imaginar coisa maior, mais magnífica, mais imponente, mais nova que qualquer arquitetura. Esta noite houve onze mudanças de cenário. Eis-me condenado a um desprezo eterno pelos nossos teatros, e este é o inconveniente duma viagem à Itália. (*Rome, Naples et Florence en 1817*, p. 9)

A essa altura, a emoção musical já é algo tão mesclado, que podemos avaliar o que ela foi na realidade para Stendhal: um gosto restrito e absorvente, que lhe abria as mais vastas possibilidades de experiência. Que o levava a sentir no recolhimento da alma, a se esquadrinhar, a pensar na vida e nos homens, a procurar conviver num estado de exaltada euforia, a transfigurar relações e sentimentos, de ordinário tão decepcionantes. Um divino pretexto. Mas um pretexto.

As etapas de um diletante

Stendhal descobriu a música em duas etapas. Primeiro, na cidade natal de Grenoble, no fim de 1797, ouvindo uma cantora medíocre, Mademoiselle Kubly, que não obstante lhe abriu uma perspectiva insuspeitada de sonho e felicidade, através das pequenas óperas francesas, de autores como Gaveaux. Isso o levou a estudar sucessivamente violino, clarineta e canto, por pouco tempo e sem resultado, tendo permanecido a vida inteira um amador ignorante, embora sensível.

> Quando mais tarde escrevi sobre música, meus amigos fizeram dessa ignorância uma objeção prejudicial. Devo porém dizer, sem a menor afetação, que eu sentia imediatamente, num trecho executado, matizes que eles não percebiam. O mesmo acontece com os matizes das fisionomias nas cópias de um mesmo quadro. Vejo tais coisas tão claramente quanto *através de um cristal*. (*Vie de Henry Brulard*, p. 228)

A segunda etapa (que indicou mais de uma vez como início, seguido pela maioria dos estudiosos) foi a audição do *Matrimonio Segreto*, de Cimarosa, numa cidade do Piemonte, em 1800, quando alferes comissionado do Exército da Itália, nos dias de Marengo. Escrevendo à irmã e confidente, em 1808, diz que foi Novara (*Correspondência*, III, p. 149); contando a vida, em 1836, diz que foi Ivrea (*Henry Brulard*, p. 406). Numa ou noutra, o fato é que recebeu choque definitivo e penetrou para todo o sempre na música italiana.

> No mesmo instante, as minhas duas grandes ações: 1º ter transposto o São Bernardo, 2º ter estado em combate, desapareceram. Tudo isso me pareceu baixo e grosseiro [...]. Minha vida ficou renovada, e o desaponto que eu trazia de Paris, enterrado para sempre. (Ibid., p. 407)

Durante a estadia além dos Alpes, até 1801, ouviu várias outras óperas de compositores menores e foi iniciado no Scala, que seria o seu lugar predileto para as emoções ligadas à música. No entanto, a consolidação do seu gosto se deu numa segunda fase, de 1801 a 1806, em Paris, onde ouviu desbragadamente o *Matrimonio Segreto*, experimentando toda a gama emocional que ela suscitava; e ainda em 1809 vinha de Saint-Cloud no efêmero cabriolé de que tanto se orgulhava, para ouvir ao menos um ato. Aí, confirma o menosprezo pela música francesa, ressalvando apenas em parte Boildieu, e se habitua com prazer variável a outros italianos menores (Fioravanti, Generalli, Paer), além do ilustre Paisiello, que oficialmente gabava muito, mas na prática lhe causava admiração bem menor, a julgar pelos registros da correspondência e do diário íntimo.

Em 1806 abre-se nova fase, durante a qual passa três anos na Alemanha, faz as Campanhas da Rússia e da Alemanha, vai à Itália, onde acaba por se estabelecer em 1814, com as ruínas de muitas aspirações.

Assim como a fase anterior fora de Cimarosa, esta é de Mozart, que ouve com certeza pouco depois de fixado em Brunswick, pois numa carta à irmã em 6 de outubro de 1807 fala nele com certa familiaridade; mas embora o coloque de maneira geral acima dos italianos, reputa-o inferior a Cimarosa (*Correspondência*, II, p. 280). O entusiasmo deve ter se formado lentamente, à medida que ouvia as óperas. Precisamos chegar a uma carta de 9 de outubro de 1810 para encontrar o primeiro brado de entusiasmo pleno, equivalente ao despertado pelo autor do *Matrimonio*. É a propósito das *Nozze di Figaro*, que parece ter sido a formadora do seu afeto e o principal instrumento de iniciação mozartiana: "Ontem tivemos tanto gosto com as *Nozze di Figaro* que ficamos arrasados" (*Correspondência*, III, p. 282).

Don Giovanni custou um pouco a conquistá-lo, mas tornou-se a predileta. Em 1814 ouve-a todos os dias em Milão, tomado do maior arroubo. É o ano decisivo do seu culto, quando vem a lume o primeiro livro que publicou, *Vidas de Haydn, Mozart e Metastasio*, com o pseudônimo de Louis-César-Alexandre Bombet. O disfarce era mais do que necessário, pois tratava-se na maior parte dum plágio afrontoso do italiano Carpani, quanto a Haydn; quanto a Mozart, alegava ser tradução do alemão Schlichtergroll, quando, na verdade, traduzira de um livrinho adaptado deste por Winckler, acrescido de alguns traços tomados a um tal Cramer, como estabelece Daniel Muller na magnífica edição Champion. De sua lavra proveio a "Carta sobre Mozart", peça importante do culto que lhe dedicou. Mas o melhor de quanto escreveu sobre ele está na introdução à *Vida de Rossini* (1823), onde há páginas penetrantes e adoráveis a propósito do seu estilo. Sobre Haydn, faz de vez em quando uma referência admirativa, sem qualquer indício de haver conhecido bem e estimado a sua obra. A biografia plagiada deve ter tido como estímulo o mero senso de oportunidade editorial.

A estadia italiana de 1814 a 1821 corresponde a outra fase, centralizada por Rossini, descoberto naquele ano, e que lhe parece gênio de primeira grandeza, sobretudo em comparação aos contemporâneos. Nessa fase vemos ainda a constituição definitiva do seu gosto. Manifesta-se apreensivo e logo hostil em face das tendências de maior cuidado orquestral, permanecendo amador ferrenho do bel canto do século XVIII. Numa "Carta sobre o estado atual da música na Itália" (1814), chega a lamentar o fim dos castrati, verberando os "filósofos" que se haviam insurgido contra uma "pequena operação"... (A carta se encontra em *Vidas de Haydn, Mozart e Metastasio*; a referência é da p. 391).

Rossini, em cuja obra censura a passagem para as modas do momento, representa para ele o marco de uma era, a partir da qual se fechou para novas experiências. Quando um jovem compositor lhe agradava (Soliva, por exemplo), o motivo está sempre na semelhança com a velha escola — sobretudo o seu caro Cimarosa — ou então com Mozart.

Apesar do entusiasmo por Rossini, permanece nessa fase muito fiel aos dois ídolos, que sempre reputou superiores. Numa carta de 1819 diz que Cimarosa e Mozart são para ele os maiores, ora um, ora outro, sempre levando vantagem o que ouviu por último. Foi nesse ano que conheceu pessoalmente o autor do *Barbeiro*, e o contato parece ter arrefecido um pouco o entusiasmo, que todavia continua forte, mesmo temperado com reservas, na *Vida de Rossini*, que publica em 1823, já de volta a Paris.

Esse livro representa, de modo geral, o fim da exaltação pela música. Ele próprio diz, na *Vida de Henry Brulard*, que a sua paixão musical teve duas fases: Alemanha, 1806-1810; Itália, 1814-1821. Embora a atenção permaneça pelo menos até o decênio de 1830, não veremos mais nos papéis íntimos o fogo sagrado de antes. O que aquece as páginas admiráveis das *Lembranças de egotismo e do Henry Brulard* é devido menos a experiências presentes do que à evocação do passado, quando tenta avaliar o papel imenso que a música teve na sua vida.

O resultado foi que de 1821 (ou 1823) em diante as suas posições se consolidam em torno do que lhe restou de essencial. Assim, volta decididamente ao que já foi e se abriga em Cimarosa e Mozart; diminui a admiração por Rossini, muito "alemão" (!) para o seu diletantismo setecentista, e vota a maior aversão aos novos. Os melhores entre estes, segundo ele, eram dois compositores francamente voltados para trás: Mercadante e Pacini. Achava-os todavia insulsos, desprovidos de vibração. Quanto aos que tentam ir para a frente, buscando novas experiências, a sua desconfiança chega à birra e à violência. Bellini lhe parece duro, sem melodia, abusando dos efeitos de orquestra; a *Norma* é árida, salvando-se a cena final não obstante a pouca doçura do canto... Mas há pior nos *Passeios em Roma* (1828), onde a certa altura começa por observar que "a música era vulgar, o que não me surpreendeu; era do maestro Donizetti: este homem me persegue por toda a parte" (*Promenades dans Rome*, II, p. 325), para adiante qualificá-la de "nauseabunda". Nas *Memórias de um turista* e na *Viagem pelo sul da França* (1837-1838), acha tão medíocres os dois compositores, que se sente como num oásis delicioso ouvindo a *Semíramis*, ópera da fase que reputava inferior de Rossini. Ainda em Marselha evocava o jovem e malogrado Della Maria, que no século anterior começara tão bem no estilo paisieliano, assinalando que logo a seguir os franceses caíram na banalidade, antes de se perderem de todo "na algazarra dos instrumentos de cobre" (*Mémoires d'un touriste*, II, p. 369).

O seu gosto estava realmente parado desde 1815, quando Rossini traíra, segundo ele, a espontaneidade do bel canto para caprichar na instrumentação... Como desejava que a música fosse uma mensagem de emoções, ficava perdido quando não reconhecia as que experimentara por intermédio do *Matrimonio Segreto* e do *Don Giovanni*. Aliás, já não era o mesmo homem. Mas como teimava em manter vivo o ardente alferes do Exército da Itália, ou o galante adjunto de Brunswick, sob a timidez gorducha do cônsul em Civitavecchia, recusava novas emoções. E ao projetar a pedra do túmulo, no mesmo ano em que Berlioz lançava o brado da *Sinfonia fantástica*, descreveu a sua alma através do gosto pelos mestres amados: "*Questa anima adorava Cimarosa, Mozart e Shakespeare*".

Stendhal e Mozart

Em 6 de outubro de 1807, de Brunswick, onde funcionava como adjunto provisório dos Comissários da Guerra, Stendhal escreve à irmã remetendo textos musicais de Mozart, sobre quem parece ser esta, salvo erro, a primeira referência nos seus escritos:

Aí estão, minha cara Paulina, as principais obras de Mozart, músico nascido para a sua arte, mas alma do Norte, mais própria a pintar a infelicidade e a tranquilidade produzida pela sua ausência, do que os transportes e a graça que o doce clima do Sul permite aos seus habitantes. Como homem de ideias e sensibilidade, é infinitamente preferível, dizem os artistas, a todos os medíocres autores italianos; entretanto, está em geral muito longe de Cimarosa. (*Correspondência*, II, pp. 277-278)

Vislumbra-se uma certa experiência da obra mozartiana, fazendo supor que fora iniciado naquele ano. Mas ainda está longe do culto fervoroso que lhe dedicará mais tarde; e, coisa rara na sua pena, recorre à opinião alheia (confessada) como autoridade em matéria de gosto.

Em 1810, no *Diário*, fala da "alma à Mozart", consistente na "sensibilidade mais terna e mais profunda", indicando assim o tipo de emoção que lhe pedia, diverso do que esperava da música italiana (*Journal*, III, p. 282). Se atentarmos para a admiração que votou aos três compositores prediletos — Cimarosa, Rossini e Mozart — perceberemos que eles completavam e de certo modo fechavam o seu horizonte musical, proporcionando-lhe, respectivamente, como sentimentos principais, ternura, alegria, melancolia. Essa espécie de divisão da sensibilidade é demonstrada pela resistência que opunha quando cada um parecia deixar a seara que lhe atribuía. Rossini não deveria ser melancólico, nem Mozart jocoso, parecendo-lhe, aliás, que este o fora apenas duas vezes: no convite de Leporello ao comendador para cear e em *Così fan tutte* (*Vie de Rossini*, I, p. 49). De fato, nunca lhe agradou esta ópera adorável, da qual escreve numa entrada do diário: "Música suave, mas é uma comédia, e Mozart só me agrada quando exprime uma melancolia doce e sonhadora" (*Journal*, III, p. 208). Ou, mais explicitamente, na "Carta sobre Mozart" (1814):

> A peça *Così fan tutte* foi feita para Cimarosa, sendo inteiramente contrária ao talento de Mozart, que não sabia brincar com o amor. Esta paixão para ele era sempre a felicidade ou a infelicidade da vida. (p. 322; a "Lettre sur Mozart" está em *Vies de Haydn etc.*)

Coerente com a teoria ou, melhor, com os sentimentos, procura mostrar que o aspecto cômico das *Nozze di Figaro* é acidental e que, adaptando Beaumarchais ao seu temperamento, o compositor fez algo terno e melancólico. Observemos à margem que neste trecho Stendhal se apropriou, sem mencionar a fonte, de uma expressão característica de Chateaubriand, com cujo estilo dizia implicar solenemente. Trata-se da "perturbação que precede o nascimento das grandes paixões" e que lhe parece desenvolvida em Mozart; na verdade é, palavra por palavra, a definição do *"vague à l'âme"*, no *Gênio do cristianismo*.

Em consequência (para voltar ao nosso fio) acha que essa "ópera é uma sublime mistura de espírito e melancolia, de que não se encontra exemplo igual" (p. 318), mas falseia certos aspectos do texto de Beaumarchais, que talvez ficasse mais claro se a música fosse composta, de colaboração, por Cimarosa e Paisielo, pois Mozart nunca chega realmente ao burlesco dos italianos. Entretanto,

> como obra-prima de ternura e melancolia, absolutamente isenta de qualquer mistura importuna de elementos trágicos e majestosos, nada no mundo pode ser comparado às *Nozze di Figaro*. (p. 319)

E quando encontra pela frente algo tão inegavelmente cômico quanto a famosa ária de Figaro debicando Querubim,

Non più andrai, farfallone amoroso

sacrifica o ídolo ao princípio e diz que "a melodia é assaz banal", devendo-se o encanto à expressão, que pouco a pouco vai adquirindo (p. 319).

Pelo que se infere da marcha das opiniões, na *Correspondência* e no *Diário*, foi esta a obra que o fez apaixonar-se pelo compositor, embora o ponto mais alto do entusiasmo tenha sido alcançado com o *Don Giovanni*, onde ocorre o elemento trágico, mas abordado com medida e de entremeio ao humorismo, sem a ênfase que lhe desagradava sobretudo.

Em benefício desta obra, Stendhal renunciou inclusive a um dos seus mais caros princípios, isto é, que a música deve ser sentida com facilidade, para não empanar o prazer. Chega mesmo a produzir um exemplo cândido e pitoresco, dizendo que a criança gosta imediatamente dos doces, enquanto a cerveja ou a aguardente só são apreciadas pelo adulto, após um certo esforço. Eu sou como a criança, dizia ele mais ou menos; quero música doce, causando prazer instantâneo. Ora, segundo depreendemos de certos trechos, o *Don Giovanni* só se tornou grato ao seu paladar em seguida a um certo período iniciatório, ao qual se submeteu, provavelmente porque as *Nozze di Figaro* o tinham convencido de que o compositor se dirigia a regiões menos expostas da sensibilidade, desvendando uma riqueza que justificava o esforço.

De Viena, em 1809, manda dizer à irmã que estava começando a compreendê-lo (*Correspondência*, III, p. 190). Mas de Milão, em 1814, já se alegra com quatro récitas consecutivas, que o consolam do tempo chuvoso, duas semanas mais tarde, e vibra de alegria porque o malogro de uma ópera de Mayer provoca a sua *réprise* "durante quinze dias, para minha grande satisfação" (Ibid., IV, p. 319). Dois anos após, registra em uma notícia sobre o Scala, recolhida por Martineau nas *Pages d'Italie*:

> Foi com vivo prazer que o público de Milão reviu *Don Juan*. Essa música singular precisa ser escutada várias vezes para ser compreendida, e hoje a percebemos bem melhor do que há um ano. (p. 63)

Aí está possivelmente um dos encantos que achou em Mozart: a riqueza que permite a descoberta incessante. Já o prazer causado por Cimarosa (no fundo, o seu músico predileto) era de outra natureza, pois apreendeu desde logo a sua mensagem e, pela vida afora, alegrou-se em refazer a mesma experiência, variando apenas as condições e o estado de espírito. Por isso mesmo, chegou a experimentar certo fastio, como quando escreve à irmã que o *Matrimonio Segreto* já não o emocionava, de tal modo o sabia de cor. O mesmo acontecerá com

Rossini; mas o encanto de Mozart será indeclinável, por satisfazer a um aspecto mais profundo da alma, como relata a certa altura da *Vida de Henry Brulard*, descrevendo os sentimentos causados pela morte do velho e fiel criado do seu avô. E porque a sua arte era mais complexa, coloca-o em plano superior: "Quanto mais nos encantamos e nutrimos com a música de Rossini e Cimarosa, mais nos cultivamos para a música de Mozart", escreve no livro sobre o autor do *Barbeiro* (v. I, p. 49).

Quanto às outras composições, diz que *Idomeneu* é a maior *opera seria* que existe, se não for a *Clemência de Tito* ("Lettre sur Mozart", p. 320); e sobre *A flauta mágica* tem essas palavras encantadoras:

> A peça, que parece jogo duma imaginação delirante, está divinamente de acordo com o talento do compositor. Tenho certeza de que, se fosse dotado da capacidade de escrever, Mozart teria imediatamente traçado a situação do negro Monostatos, vindo, no silêncio da noite, à luz da lua, roubar um beijo nos lábios da princesa adormecida. (Ibid., p. 321)

Com referência à música não dramática, porém, o seu fastio é notório, se é que chegou a se ocupar realmente dela.

> Oito dias depois da sua morte [de Haydn] todos os músicos da cidade se reuniam em Schotten-Kirchen para executar em sua honra o *Réquiem* de Mozart. Eu lá estava de uniforme, na segunda fila [...]. O *Réquiem* me pareceu barulhento demais e não me interessou. (*Correspondência*, III, p. 190)

Durante a campanha da Alemanha, em 1813, tomou emprestado um piano, para lhe tocarem o músico amado. Achou ruim e pôs a culpa no executante, aproveitando para ilustrar um dos seus postulados mais caros: a perícia técnica pode transformar a partitura numa oportunidade para exibicionismo, despertando no ouvinte o desejo intelectualista de analisar e julgar, que mata o prazer estético (*Journal*, V, p. 190). Música é emoção espontânea, pensava ele. Compositor desapaixonado não pode fazer nada de grande, e tanto o intérprete quanto o amador devem vibrar em uníssono, evitando o "juízo", que tanto censura nos franceses. Em *Don Giovanni*, sentia justamente esse empenho da alma, a que aderia ardentemente com a sua, mergulhando "no prazer terno e sublime dado pela música de Mozart e os quadros de Correggio" (*Promenades dans Rome*, II, p. 226).

Stendhal e Rossini

Em nossos dias vem-se acentuando uma volta a Rossini, do qual praticamente só *O barbeiro de Sevilha* perdurava nos repertórios e na cultura dos amadores. Para não falar nas montagens feitas na Itália, a revolução do disco de longa duração tornou acessíveis (em mais de uma versão), quase metade das trinta e tantas óperas que deixou. Com elas renascem, intactos, a graça e o frescor desse artista incomparável quando se trata de criar felicidade e alegria através da música. Oboés brincalhões, violinos endiabrados, metais comicamente solenes formam as margens entre as quais flui uma melodia eufórica e vivaz, desde os ensaios já personalíssimos da *Scala di Seta* ou da *Cambiale di Matrimonio*, até os deslumbramentos do *Barbeiro* ou da *Cenerentola*, passando pela esfuziante *Italiana in Algeri*.

Quando falamos dele, já se vê, é difícil evitar superlativos, que acabam por perder significado, pois tudo nele é engraçadíssimo, melodiosíssimo, engenhosíssimo. E esse pendor algo fácil para acentuar as impressões faz esquecer um outro Rossini, desenvolvido sobretudo depois da *Cenerentola*, e que é (falando agora no grau normal, adequado às obras profundas) o nobre e melodioso compositor do *Moisés*, da *Semíramis* e do *Guilherme Tell*. O primeiro Rossini, reencontrado com avidez jubilosa pelos amadores, não deve descartar a necessidade de restaurar também este segundo, que desagradou e decepcionou profundamente o seu admirador Henry Beyle, de cuja mudança de opinião falaremos a seguir.

Quem leu a encantadora *Vida de Rossini*, infelizmente conhecida quase apenas pelos fanáticos do seu autor, viu como tudo nela gira em torno de um ponto central, quase uma ideia fixa, que aparece também nas reflexões ocasionais de outros livros, isto é: Rossini teria sido incomparável enquanto praticou, sem grandes preocupações harmônicas, a melodia simples das obras iniciais; e foi se desvirtuando à medida que caprichou na orquestração, complicando as partituras e visando a uma seriedade, ou a uma ciência, contrárias não apenas ao seu gênio, mas à verdadeira música italiana. A sua obra teria tido um período supremo de 1813 a 1815, sobretudo com a *Italiana*, o *Tancredo*, a *Pietra del Paragone* e o *Turco in Italia*. *O barbeiro*, de 1816, já seria cheio de defeitos. Daí a fórmula que resume o seu ponto de vista: "Diz-se na França, para sugerir um matiz de opinião: *é um patriota de 89*; eu me denuncio como *rossinista* de 1815" (*Vie de Rossini*, I, p. 155).

Ela é coerente não apenas com a sua concepção da música, mas com a sua concepção da personalidade de Rossini, que, para adiantar tudo numa palavra, lhe parecia haver traído o que o amador esperava dele. O primeiro motivo é explícito; o segundo se infere da leitura dos seus escritos musicais e papéis íntimos. Combinando o Rossini da *Vida* com o do estudo publicado no *Paris Monthly Review* (*Courrier Anglais*, I, pp. 271-299) e sobretudo com as múltiplas referências nos escritos autobiográficos e nas cartas, vemos surgir um perfil humano e artístico que não corresponde sempre à realidade, mas serve de apoio ao escritor para elaborar as duas etapas de um personagem assaz pitoresco, que primeiro encarna, depois trai alguns dos seus ideais de felicidade. Apesar de incorreto e não raro deformado, esse Rossini é por vezes mais *real* que o dos eruditos, por exprimir a intuição com que um alto espírito penetrou em certos aspectos fundamentais da sua obra.

Rossini deslumbrou Stendhal, antes de mais nada, pela facilidade, o timbre encantador de graça e elegância que desde logo o conquistaram, e que tanto desagradariam às compenetradas gerações da "música do futuro" como sinal de futilidade. Apesar da observação algo restritiva que ele "escrevia uma ópera como quem escreve uma carta", é visível o prazer com que narra (exagerando, não raro chancelando pressurosamente lendas duvidosas) as histórias de obras compostas em quinze dias, trechos improvisados quase na hora, escritos na desordem do quarto, entre amigos barulhentos. Uma espontaneidade gigantesca e inesgotável, uma divina preguiça, um bom humor constante, o fogo da inspiração, o desprendimento absoluto, amores sucessivos e aventurosos, pouco ou nenhum respeito humano. Eis o ídolo de Stendhal, imagem da caça ao prazer que tanto o atraía, e que encontrou não só nas emoções da obra, mas na atmosfera que a cercava: boatos sobre a sua intimidade, intrigas de bastidor e foyer, participação do público, vaias e triunfos. Nada mais divertido e simpático do que o apreço pela boemia do jovem maestro, que combinava uma ópera para o teatro de determinada cidade, chegava com a trouxa escassa, bebia, comia, ria e se divertia até a última hora. Depois, compunha e ensaiava num ritmo maluco, regia as três primeiras récitas, embolsava a remuneração mesquinha, de que mandava dois terços aos pais, recebia um jantar de despedida dos amigos, subia no carro e lá ia, com a escassa trouxa e alguns vinténs, recomeçar a aventura umas léguas adiante. Um colosso, para o tímido Beyle; despreocupado, alegre, fruindo, destilando gênio.

Dessa vida fascinante brotava a melodia endiabrada ou terna que Stendhal amou; sem reservas, até o *Barbeiro*, com restrições crescentes até *Semíramis*. Não sabemos ao certo o que pensou das últimas óperas (o seu livro é de 1823), mas com certeza o *Guilherme Tell* o aborreceu atrozmente, pela gravidade e sapiência que lhe pareciam pedantes, "alemãs". O certo é que em 1831, nas *Lembranças de egotismo*, escreveu de um amigo que tinha "bastante gosto musical para não me deixar enganar inteiramente pela superficialidade e as fanfarronadas de Rossini" (p. 89). A essa altura, com efeito, já se havia recolhido ao culto exclusivo de Cimarosa e Mozart, respectivamente o primeiro e o segundo grande amor, e a tal respeito, podemos ler numa carta de 1820 a Mareste:

As pessoas já começam a enjoar de Rossini. Sua reputação é mais generalizada do que nunca, e chegou aos níveis mais baixos da sociedade; mas a reflexão vai voltando a Mozart e Cimarosa, ou, ainda melhor, gostaria de algo novo. (*Correspondência*, v, p. 352)

Nesse processo, deve ter tido algum papel o encontro que teve com o maestro em 1819 e a decepção que lhe causaram os seus costumes. Na *Vida*, fala com certa insistência da sua preguiça, dos plágios, mas não dos aspectos mais crus da vida sentimental. Em algumas cartas de 1819 e 1820, no entanto, manifesta decidida repulsa por hábitos que lhe supõe, pela avareza nascente, a gula desenfreada, a indiferença por certos aspectos delicados nas relações com as mulheres. "Um porco nojento" — é a súmula brutal (*Correspondência*, V, p. 379). No prefácio da edição Champion, Henry Prunières comenta com justeza: "Ele se sentia chocado por encontrar um homem que aplicava os princípios do beylismo até as últimas consequências" (*Vie de Rossini*, p. XX). E nós lembramos a reflexão de Flaubert sobre a fragilidade do comércio entre os homens: "Não se deve tocar nos ídolos; o dourado sai na ponta dos dedos". Visto à queima-roupa, o desabusado epicurista que o encantava de longe era da massa comum dos homens, que não a perdoam nos gênios, quando deveriam perceber que a grandeza consiste precisamente em o ser apesar dela. Por isso, ficou com o Rossini de 1815, que não conhecera em pessoa, e cujas obras podia escutar na ilusão de uma personalidade imaginária.

Mas houve motivos mais ponderáveis. A figura de um homem jovial e despreocupado completava harmoniosamente o autor das óperas-bufas que faziam o seu encanto, sendo um elemento da euforia que elas lhe proporcionavam. Mas quando, sob ele, começou a despontar um grave Rossini polifônico e dramático, Stendhal se sentiu traído. Nos escaninhos da sua sensibilidade este lugar cabia a Mozart, não a ele. Independente da qualidade intrínseca da música, desagradava-lhe a orientação; este é o ponto fundamental para compreender a virada. Tanto assim que reconhecia em trechos de *Otelo* e do *Moisés* uma perfeita beleza; mas lamentava o seu espírito, o tipo de emoção comunicada e os recursos formais empregados. Ele próprio confessa a certa altura o rigor desse exclusivismo, que condenava o maestro a permanecer imóvel nas conquistas iniciais do seu gênio, que a ele, Stendhal, pareciam as mais legítimas:

> Talvez eu mesmo esteja enganado pelas minhas sensações [...] ao proclamar que a perfeita união da melodia antiga com a harmonia moderna é o estilo do *Tancredo*. Deixando-me engodar por um mágico que deu os mais vivos prazeres à minha primeira juventude, sou injusto para com a *Gazza Ladra* e o *Otelo*, que me oferecem sensações menos doces, menos enfeitiçadas, porém mais penetrantes e talvez mais fortes. (*Vie de Rossini*, 1, p. 155)

Este lampejo de justiça revela a sua perspectiva, segundo a qual Rossini não deveria fugir a um certo modelo, fixado pelas emoções juvenis.

Preocupado em fruir na música um conjunto de emoções, não quis fazer o esforço necessário para reconhecer a fecunda evolução do compositor, que depois de levar a ópera-bufa ao mais alto ponto, abriu caminho para o melodrama do século XIX — submetendo o canto à partitura, adaptando a vibração melódica, em toda a sua riqueza, à expressão de fortes sentimentos dramáticos. Um homem verdadeiramente genial, ponte entre Cimarosa e Verdi, permitindo a continuidade da tradição italiana que, após a embriaguez nem sempre digna do dramalhão romântico, voltou renovada, cheia de vida, na obra-prima do *Falstaff*.

Mas disso não cuidava Stendhal. Capaz de sentir o elemento dramático através do *Don Giovanni*, esposava inconscientemente o conselho pitoresco e malcriado de Beethoven, por ocasião da visita reverente que lhe fez Rossini em Viena: compusesse sempre e apenas ópera superficial, pois os italianos eram incapazes de adquirir a ciência necessária à música séria. Era este o parecer de Stendhal — só que desprovido de qualquer intuito depreciativo, pois segundo ele a harmonia, o contraponto, a tenacidade eram coisas do Norte, e só podiam atrapalhar a sonoridade da melodia mediterrânea.

Para entender até que ponto queria manter pura na alma a alegria de experimentá-la, como elemento de vibração de toda a personalidade, basta ler as descrições das suas experiências rossinianas; seja ouvindo a ária "Di tanti Palpiti", do *Tancredo*, à vista do golfo de Nápoles; seja vivendo *La Pietra del Paragone* na festividade do Scala, entre beldades decotadas, sigisbéus espirituosos e todo o ímpeto napoleônico da Lombardia. Seja, sobretudo, improvisando uma expedição noturna de Brescia a Como, galopando a noite toda entre senhoras joviais, com salteadores rondando, para ouvir no dia seguinte a doce melodia do *Demetrio e Polibio*, à beira do lago onde desabrocharam as esperanças de Fabrício del Dongo. Este, o seu Rossini. O Rossini das emoções impuras e saborosas, que aproximam os homens por sobre os escolhos do momento e proclamam o milagre dos breves lampejos em que ocorre a verdadeira alegria de viver.

Bibliografia

Foram citados trechos das seguintes obras de Stendhal, cujos números de volume e página se referem às edições indicadas:

I. Na edição das *Oeuvres Complètes* (inacabada) da Livraria Champion, 36 v.:
   1. *Vies de Haydn, de Mozart et de Métastase*, Texte établi et annoté par Daniel Muller, Préface de Romain Rolland, 1914.
   2. *Vie de Rossini suivie des Notes d'un Dilettante*, Texte établi et annoté avec Préface et Avant-Propos par Henry Prunières, 2 v., 1923.
   3. *Mémoires d'un Touriste*, Texte établi et annoté avec Avant-Propos par Louis Royer, Préface de Jean-Louis Vaudoyer, 3 v., 1932-1933.
   4. *Promenades dans Rome*, Texte établi et annoté par Armand Caraccio, Préface de Henri de Régnier, 2 v., 1938.

II. Na edição de Henri Martineau, Livraria do Divan, 79 v. in-16:
   5. *Pensées — Filosofia Nova*, 2 v., 1931.
   6. *Pages d'Italie*, 1932.
   7. *Correspondance*, 10 v., 1933-1934.
   8. *Courrier Anglais*, 3 v., 1935.
   9. *Journal*, 5 v., 1937.

III. Na edição comentada e anotada de Henri Martineau, mesma editora, in-8:
   10. *Souvenirs d'Égotisme*, 1950.
   11. *Rome, Naples et Florence en 1817, suivi de L'Italie en 1818*, 1956.

IV. Na edição acima, reproduzida na coleção Classiques Garnier:
   12. *Vie de Henry Brulard*, 1953.

Registro das publicações originais

1. "Da vingança" foi publicado numa versão menor em 1952, como Os Cadernos de Cultura n. 10 do Serviço de Divulgação do Ministério da Educação, sob o título: *Monte Cristo ou Da vingança*.

2. "Entre campo e cidade" saiu com o título "Eça de Queirós entre o campo e a cidade", no *Livro comemorativo do centenário de Eça de Queirós*. Lisboa: Dois Mundos, 1945.

3. "Catástrofe e sobrevivência" é inédito praticamente. As ideias centrais foram publicadas no artigo "Exotismo e aventura em Corand", em 1957, no "Suplemento literário" d'*O Estado de S. Paulo*.

4. "Os bichos do subterrâneo" é uma redação aumentada da introdução à antologia dos romances de Graciliano Ramos que organizei para a Coleção Nossos Clássicos (1960), da Livraria Agir.

5. "O homem dos avessos" foi publicado sob o título de "O sertão e o mundo", no n. 8 da revista *Diálogo* (1957), consagrado a Guimarães Rosa.

6. "Melodia impura" foi publicado sob a forma de cinco artigos, que traziam como títulos os atuais subtítulos, no "Suplemento literário" d'*O Estado de S. Paulo*, de dezembro de 1957 a maio de 1958.

Antonio Candido de Mello e Souza nasceu no Rio de Janeiro, em 1918. Crítico literário, sociólogo, professor, mas sobretudo um intérprete do Brasil, foi um dos mais importantes intelectuais brasileiros. Candido partilhava com Gilberto Freyre, Caio Prado Jr., Celso Furtado e Sérgio Buarque de Holanda uma largueza de escopo que o pensamento social do país jamais voltaria a igualar, aliando anseio por justiça social, densidade teórica e qualidade estética. Com eles também tinha em comum o gosto pela forma do ensaio, incorporando o legado modernista numa escrita a um só tempo refinada e cristalina. É autor de clássicos como *Formação da literatura brasileira* (1959), *Literatura e sociedade* (1965) e *O discurso e a cidade* (1993), entre diversos outros livros. Morreu em 2017, em São Paulo.

© Ana Luisa Escorel, 2024

Todos os direitos desta edição reservados à Todavia.

Grafia atualizada segundo o Acordo Ortográfico da Língua Portuguesa de 1990, que entrou em vigor no Brasil em 2009.

Este volume tomou como base a sexta edição de *Tese e antítese* (Rio de Janeiro: Ouro sobre Azul, 2017), elaborada a partir da última versão revista por Antonio Candido. Em casos específicos, e a pedido dos representantes do autor, a Todavia também seguiu os critérios de estilo da referida edição.
O texto de orelha, redigido originalmente pelo próprio Antonio Candido, foi mantido.

capa
Oga Mendonça
composição
Maria Lúcia Braga e Fernando Braga,
sob a supervisão da Ouro sobre Azul
preparação e revisão
Jane Pessoa
Huendel Viana

Dados Internacionais de Catalogação na Publicação (CIP)

Candido, Antonio (1918-2017)
Tese e antítese / Antonio Candido. — 1. ed. — São Paulo : Todavia, 2024.

Ano da primeira edição: 1964
ISBN 978-65-5692-586-8

1. Literatura brasileira. 2. Ensaio brasileiro. I. Título.

CDD B869.4

Índice para catálogo sistemático:
1. Literatura brasileira : Ensaio B869.4

Bruna Heller — Bibliotecária — CRB 10/2348

todavia
Rua Luís Anhaia, 44
05433.020 São Paulo SP
T. 55 11. 3094 0500
www.todavialivros.com.br

Acesse e leia textos encomendados especialmente
para a Coleção Antonio Candido na Todavia.

www.todavialivros.com.br/antoniocandido

fonte Register*
papel Pólen natural 80 g/m²
impressão Geográfica